Achim Stephan

# Gefühle – können wir ihnen trauen?



1682
J.B. METZLER

Achim Stephan
Institut für Kognitionswissenschaft
Universität Osnabrück
Osnabrück, Deutschland

ISSN 2524-468X ISSN 2524-4698 (electronic)
#philosophieorientiert
ISBN 978-3-662-73284-7 ISBN 978-3-662-73285-4 (eBook)
https://doi.org/10.1007/978-3-662-73285-4

Die Deutsche Nationalbibliothek verzeichnet diese Publikation in der Deutschen Nationalbibliografie; detaillierte bibliografische Daten sind im Internet über https://portal.dnb.de abrufbar.



Planung/Lektorat: Franziska Remeika
J.B. Metzler ist ein Imprint der eingetragenen Gesellschaft Springer-Verlag GmbH, DE und ist ein Teil von Springer Nature.
Die Anschrift der Gesellschaft ist: Heidelberger Platz 3, 14197 Berlin, Germany

*Für Josefien, Mikael,*
*Jurek, Liva und Fine*

# Vorwort

Dieses Buch basiert auf Einsichten und Gedanken, die sich in den letzten fünfundzwanzig Jahren in einer ganzen Reihe von interdisziplinären Forschungsprojekten und durch Lehrveranstaltungen, Tagungen und Workshops entwickelt haben. Meine Beschäftigung mit menschlicher Affektivität begann 2000, als ich als Gastprofessur an der Universität Ulm gemeinsam mit Henrik Walter ein Kolloquium über Emotionen für Medizinstudierende anbot, dessen Ertrag später in Buchform erschien (Stephan & Walter 2003). Vier Jahre später erfuhr ich als Mitglied der von Birgitt Röttger-Rössler und Hans Markowitsch am Bielefelder Zentrum für interdisziplinäre Forschung (ZiF) geleiteten Arbeitsgruppe „Emotionen als bio-kulturelle Prozesse" erstmals von kulturanthropologischen Einblicken in emotionale Vorgänge, die für die philosophische Beschäftigung mit Emotionen überaus eindrucksvoll und erhellend sind; einige davon bereichern Abschn. 4.1. Von 2005 bis 2013 war ich dann Sprecher des gemeinsam mit Henrik Walter, Susanne Erk (und in der zweiten Phase auch mit Sven Walter) beantragten, von der VolkswagenStiftung im Rahmen der Förderinitiative *Schlüsselthemen der Geisteswissenschaften* geförderten interdisziplinären Forschungsprojektes *animal emotionale*. In der ersten Förderphase waren unter anderem der Weltbezug von Emotionen und deren Regulation Themen unserer Arbeit, die ich in diesem Buch in Abschn. 2.1 bzw. Kap. 5 aufgreife. In der zweiten Projektphase begannen Sven Walter, Wendy Wilutzky und ich das gerade im Entstehen begriffene Paradigma der Situierten Affektivität zu analysieren und weiterzuentwickeln (Wilutzky et al. 2011; Stephan et al. 2014). Existenzielle Gefühle waren ein vorherrschendes Thema in dem bi-nationalen Forschungsprojekt „Emotionales Erleben in der Depression – eine philosophische Studie", das ich von 2009 bis 2013 gemeinsam mit Matthew Ratcliffe leitete und das vom Arts and Humanities Research Council (AHRC) und der Deutschen Forschungsgemeinschaft (DFG) gefördert wurde (Ratcliffe & Stephan 2014; Jacobs et al. 2014). Einsichten aus diesem Projekt finden sich in Abschn. 2.4 und Kap. 5 sowie in Passagen wieder, in denen es um existenzielle Gefühle in Psychopathologien geht (s. Glossar). Danach habe ich anlässlich eines Workshops der *European Philosophical Society for the Study of Emotions* (EPSSE) ein Schichtenmodell für Stimmungen entwickelt (2017a) und über die Angemessenheit von Emotionen und existenziellen Gefühlen (2017b) publiziert. Überlegungen aus diesen Arbeiten fließen in Abschn. 2.3 und 3.3 ein. Seit 2017 war ich Ko-Sprecher (bis 2023) des gemeinsam mit Albert Newen (Ruhr Universität Bochum) und zwölf weiteren Kolleginnen und Kollegen beantragten und von der DFG geförderten Graduiertenkollegs „Situierte Kognition", in dessen Rahmen wir das Paradigma der Situierten Affektivität weiter ausarbeiteten (Stephan & Walter 2020; Coninx & Stephan 2021; Walter & Stephan 2023) und seit 2020 gemeinsam mit Hina Haq, Saad Shaheed und Daniele Valentini auch vermehrt auf zentrale gesellschaftliche Fragestellungen wie Radikalisierung und Extremismus anwendeten (Haq et al. 2020; Valentini et al. 2020; Stephan & Walter 2025). Ein Teil dieser Ergebnisse fließt in Kap. 4 ein. Einige psychotherapeutische Passagen in Abschn. 3.1 haben ihre Wurzel sogar in den 1980er Jahren, als ich während meiner Doktorandenzeit Psychotherapie und Psychosomatik als Nebenfach studierte und verschiedene Formen therapeutischen Handelns kennenlernte.

Bei der Lektüre des Buches sollte bedacht werden, dass in den ersten sechs Kapiteln weitgehend auf Literaturhinweise verzichtet wird. Diese finden sich im letzten Kapitel, das ein Glossar zu zentralen, aber auch zu weniger gebräuchlichen Begriffen umfasst und zugleich vertiefende Erläuterungen und weiterführende Literaturhinweise bereitstellt. Bei ihrem ersten Auftreten wird auf die dort erläuterten Begriffe mit einem ‚↗' verwiesen.

In den Sommersemestern 2021 und 2023 hatte ich an der Universität Osnabrück Lehrveranstaltungen zum Thema dieses Buches angeboten und in diesen unter anderem frühere Fassungen des ersten und zweiten Kapitels vorgestellt. Den Seminarteilnehmerinnen und -teilnehmern danke ich für anregende Diskussionen. Im Juni 2023 stellte ich auf der EPSSE-Tagung in Tartu (Estland) die wesentlichen Inhalte des dritten Kapitels vor und erhielt auch dort fruchtbares Feedback. Für hilfreiche Rückmeldungen zu einigen Kapiteln dieses Buches danke ich Gen Eickers, Gregor Hörzer, Louis Loock und Daniel Müller. Ein besonderer Dank geht an Carmen Mossner und Sven Walter für ihre äußerst subtilen Hinweise zum gesamten Buch. Mit meiner Frau Sabine Buse-Stephan konnte ich zahlreiche knifflige Textpassagen diskutieren. ‚Merci' für unseren Austausch, der natürlich weit über dieses Büchlein hinausgeht. Und schließlich danke ich Ingrid Vendrell Ferran für ihre raschen Kommentare, die halfen, das Buch weiter abzurunden, dem Herausgeber der Reihe #philosophieorientiert, Thomas Grundmann, für ausgesprochen freundliche letzte

Ratschläge und Franziska Remeika für ihre äußerst geschwinde editorische Arbeit, die es ermöglicht, dass das Buch noch zur EPSSE 2026 in Eichstätt erscheinen kann.

Rüsselsheim
im Februar 2026

Achim Stephan

# Inhaltsverzeichnis

# 1 Einführung

Trauen Sie Ihren Gefühlen? Nehmen Sie sie für bare Münze – als Vorgänge, die Ihnen stets zuverlässig anzeigen, wie es um Sie steht, die Sie darüber informieren, welche Bedeutung die Situation, in der Sie sich gerade befinden, für Sie hat? Oder fallen Ihnen Situationen ein, in denen Sie Ihren Gefühlen nicht getraut haben, es aber besser doch getan hätten? Oder – umgekehrt – gibt es Ereignisse, bei denen Sie Ihren Gefühlen getraut haben, es aber besser nicht getan hätten? Vielleicht gibt es sogar Vorkommnisse, in denen Sie nichts gefühlt haben, später aber merkten, dass dies der Situation nicht angemessen war.

Wenn wir im Folgenden der Frage nach der Vertrauenswürdigkeit unserer Gefühle im Allgemeinen nachgehen, handelt es sich um eine Frage, auf die sich nicht einfach mit „ja" oder „nein" antworten lässt. Die Sachlage ist komplizierter. „Größtenteils ja" wird jedoch eine Antwort sein, die ganz gut trifft. Betrachten wir für eine erste Veranschaulichung drei Empfindungen, an denen sich die Komplexität


A. Stephan, *Gefühle – können wir ihnen trauen?*, #philosophieorientiert,
https://doi.org/10.1007/978-3-662-73285-4_1

der Fragestellung gut illustrieren lässt: Durst, Hunger und ↗ Schmerz. In vielen Lebenssituationen sind diese Empfindungen gute und verlässliche Ratgeber. Durst und Hunger signalisieren, dass es an der Zeit ist, Flüssigkeit oder Nahrung zu sich zu nehmen. Körperliche Schmerzen zeigen typischerweise an, dass Teile des Körpergewebes entzündet oder verletzt sind und einer angemessenen Behandlung bedürfen. Und dennoch: Einige von uns empfinden häufiger oder länger Hunger als es für ihr längerfristiges Wohlbefinden gut ist, besonders wenn durch die Befriedigung der fehljustierten Hungergefühle die Kontrolle über das eigene Gewicht verloren geht. Andere haben, besonders im hohen Alter, kaum noch Durstgefühle und drohen dadurch zu dehydrieren; ohne angemessene Flüssigkeitszufuhr beginnt ihr Körper auszutrocknen. Insofern kann auch das Fehlen von Gefühlen unangemessen sein. Und manchmal leiten auch Schmerzempfindungen in die Irre, zum Beispiel dann, wenn sie auf eine körperliche Schädigung aufmerksam zu machen scheinen, ohne dass sich eine solche feststellen ließe – auch nicht unter Verwendung genauester Untersuchungsmethoden. Besonders eindrucksvoll zeigen sich Fehlinformationen durch Schmerzgefühle bei den sogenannten Phantomschmerzen. Von diesen spricht man, wenn nach einer Amputation noch Schmerzen in der Region des entfernten Körperteils empfunden werden. Es gibt aber auch Menschen, die aufgrund einer seltenen angeborenen Genmutation keine Schmerzen empfinden können. Was auf den ersten Blick verlockend klingt, hat meist sehr ernste Folgen. Verletzungen und Krankheiten werden oft sehr spät erkannt; auch kann die Unfähigkeit, Schmerzen zu empfinden, leicht zu Selbstverletzungen führen. Obwohl also Durst-, Hunger- und Schmerzempfindungen in der Regel sehr zuverlässig Auskunft über den Zustand und die Bedürftigkeit unseres Körpers geben, können sie in Ausnahmefällen auch fehlinformieren. Wie sieht es in dieser

Hinsicht aber mit anderen Gefühlen aus dem ↗affektiven Bereich aus, insbesondere mit Emotionen und Stimmungen?

Dieses Buch geht der Frage nach, ob wir den Gefühlen, die wir in emotionalen Prozessen und in Stimmungen erleben, trauen können. Im Unterschied zu Durst-, Hunger- und Schmerzempfindungen, die uns auf direkte Weise ausschließlich über uns selbst informieren, informieren Emotionen (wie Sinnesempfindungen) fast immer auch über externe Situationen und Ereignisse, und zwar über solche, die für uns relevant sind. Zugleich gehen mit ihnen Handlungstendenzen einher, um auf das, was wir in der Welt vorfinden, angemessen reagieren zu können. Auf diese Weise erschließen sie uns die spezifische Bedeutung, die Vorkommnisse in der Außenwelt für uns haben. Furcht beispielsweise zeigt an, dass eine Situation gefährlich ist. Indirekt ließe sich auch aus der einen oder anderen Schmerzempfindung etwas über die Welt erschließen. Wenn der Schmerz in meiner Handfläche durch mein Anfassen des Topfes verursacht wurde, weiß ich, dass der Topf heiß ist, wenn unsere Magenschmerzen nach dem Verzehr des Pilzgerichtes auftreten, spricht einiges dafür, dass die Pilze nicht bekömmlich sind. Die Schmerzen beziehen sich aber nicht auf den Topf bzw. auf die Pilze, es ist meine Hand, die brennt, und mein Magen, der sich verkrampft. Dagegen bezieht sich die Furcht unmittelbar auf die Gefahr, von der sie ausgelöst wurde. Insofern bereitet uns die Emotion darauf vor, der entsprechenden Situation zu entgehen oder, im Falle von Ärger, entschieden Stellung zu beziehen. In der Regel können wir dann prüfen, ob andere Menschen dieselbe Situation emotional genau so oder ähnlich wie wir selbst erfahren oder ob sie diese vielleicht ganz anders erleben. Dass es da große Unterschiede geben kann, sollte sofort einleuchten. Denken Sie nur an das Finale der UEFA Europa League 2022 in Sevilla zwischen den Glasgow Rangers und Eintracht Frankfurt. Das letzte und entscheidende

Elfmetertor für Frankfurt durch Rafael Borré versetzte etwa die Hälfte der Zuschauer in überschwängliche Freude und ließ sie begeistert feiern, während er bei der anderen Hälfte Missmut, Enttäuschung, Ärger und Trauer auslöste. Entscheidend ist nämlich stets, was die Veränderung einer Situation für die jeweils Betroffenen bedeutet, und klarerweise hat ein Siegtreffer unterschiedliche Bedeutung für die Fans zweier konkurrierender Mannschaften.

In manchen Kreisen haben Emotionen freilich keinen guten Leumund, und das schon seit langer Zeit. Sie werden als irrationale Einlassungen betrachtet, die unsere Überlegungen und unser Handeln nicht maßgeblich bestimmen sollten. Im politischen Diskurs gelten sie neuerdings als ein Kennzeichen *postfaktischer Politik*, von der gesagt wird, dass sie sich auf *Gefühle*, nicht aber auf Fakten beziehe. Wie der frühere und 2024 erneut gewählte amerikanische Präsident, Donald Trump, nahezu täglich mit seinen Twitter-Nachrichten vorführte und nun auf X und *TRUTH* Social fortsetzt, waren und sind ihm die emotionalen Effekte auf seine Anhänger bei weitem wichtiger als die Wahrheit seiner Behauptungen. Für zahlreiche populistische Bewegungen in Europa und auch in Deutschland diente er mit seinem Verhalten geradezu als eine Blaupause. Man kann dies als eine von der Öffentlichkeit geduldete Preisgabe der Errungenschaften der Aufklärung ansehen. Die in jeder Hinsicht berechtigte Kritik an einer Politik, die nicht mehr davon ausgehen will, was der Fall ist, sollte jedoch nicht als eine Kritik an Gefühlen an sich, also insbesondere an Emotionen und Stimmungen, missverstanden werden. Denn Emotionen beziehen sich in der Regel auf Fakten: auf Ereignisse, Situationen oder unsere Interaktionen mit anderen Menschen. Was an der postfaktischen Politik zu beanstanden ist, ist daher das Verhalten unlauterer Akteure, die sich von den Fakten abwenden und stattdessen auf das rhetorisch unterstützte Anheizen von Stimmungen eines unkritischen Publikums abzielen und damit Gefühle auslösen, die nicht mehr durch Fakten gestützt werden. Das Problem sind nicht Gefühle in der politischen Sphäre an sich, sondern die Instrumentalisierung von Gefühlen als Macht- und Manipulationsinstrumente. Politische Meinungsmacher, die wussten, wie die Psychologie der Massen erfolgreich zu steuern ist, bedienten sich schon immer dieser Möglichkeiten. ↗ Postfaktische Politik zielt also darauf ab, in uns Gefühle zu erzeugen, denen wir besser nicht trauen sollten, da sie uns die Welt in unangemessener Weise präsentieren.

Im Folgenden werden wir sehen, dass die Frage, ob wir unseren Gefühlen trauen können, drei sehr unterschiedliche Lesarten hat. Zum einen kann sie darauf abzielen, ob wir uns immer gewiss sein können, welche Gefühle wir haben – es handelt sich also um eine Frage nach der Verlässlichkeit unseres Zugangs zu unserer Gefühlswelt. In der Regel wissen wir natürlich, ob wir uns freuen oder traurig oder ärgerlich sind. Aber es scheint durchaus Situationen zu geben, in denen uns nicht ganz klar ist, in welcher Gefühlslage wir uns genau befinden. Und für einige Menschen scheint es ein grundsätzliches Problem zu sein, bestimmte ihrer Gefühle wahrzunehmen. Eine zweite Lesart der Frage richtet sich darauf, ob wir uns mit den Gefühlen, die wir haben, auch wirklich identifizieren können, ob es die Gefühle sind, die wir in der entsprechenden Situation als unsere Gefühle akzeptieren können und wollen – das ist eine Frage nach der Authentizität der Gefühle. Und schließlich wird es darum gehen, ob wir dem trauen können, was uns unsere Gefühle signalisieren. Sind die Welt und unser Verhältnis zu dieser tatsächlich so beschaffen, wie unsere eigenen Gefühle es uns darstellen oder wie die Gefühle anderer es diesen erscheinen lassen? Dies ist eine Frage nach der situativen Angemessenheit unserer Gefühle. Wenn wir uns beim Bergwandern in den Alpen auf einem schmalen

Pfad vor dem weiteren Aufstieg fürchten, ist die Gefahr, auf die unsere Furcht verweist, real? Wenn wir im Überschwang einer Begeisterung die Hoffnung hegen, eine Doktorarbeit in eineinhalb Jahren schreiben zu können, ist diese Hoffnung gerechtfertigt? Wenn andere in Zeiten der Epidemie die Nähe zu anderen Menschen scheuen, ist das angemessen? Ist die auf vielen Demonstrationsschildern zum Ausdruck kommende Furcht, dass die zur Eindämmung der Covid-19-Pandemie beschlossenen Maßnahmen zu einer Corona-Diktatur führen, berechtigt? Und wie steht es um Gefühle, die durch lautstarke Äußerungen solcher angestachelt werden, die ein Interesse daran haben, dass wir bei Fragen der Zuwanderung oder bei Fragen des Impfschutzes sehr emotional werden? Wann und inwiefern ist bei solchen Gefühlen Vorsicht geboten?

Bevor wir uns in Kap. 3 eingehender mit den drei Lesarten der Frage nach der Vertrauenswürdigkeit von Gefühlen befassen, ist (in Kap. 2) zunächst noch Klarheit darüber zu gewinnen, was überhaupt Emotionen sind und wie sie sich von anderen affektiven Phänomenen wie zum Beispiel Passionen, Stimmungen und existenziellen Gefühlen unterscheiden. Dazu gehört auch, wie ihr Verhältnis zu uns selbst und zur Welt beschaffen ist. Danach kann dann diskutiert werden, wann wir gegenüber Gefühlen des affektiven Bereichs misstrauisch sein sollten, und welche Faktoren geeignet sind, ab und zu Zweifel an unseren emotionalen Reaktionen aufkommen zu lassen. Nachdem wir in Kap. 4 erfahren haben, welche externen, vor allem aber gesellschaftlichen Faktoren zu unserer Gefühlswelt beitragen und wie wir selbst solche Ressourcen nutzen können, jene gezielt zu verändern, betrachten wir in Kap. 5 noch fünf Strategien zur Regulation von Emotionen und anderen affektiven Phänomenen, bevor wir in Kap. 6 zu einem abschließenden Fazit gelangen. Im Anschluss daran bietet ein Glossar Begriffserklärungen, Literaturhinweise und weiterführende Erläuterungen, in denen einige der hier verhandelten Themen abgerundet oder vertieft werden.

Wer etwas ungeduldiger ist und sich sofort mit der Vertrauenswürdigkeit unserer Gefühle befassen möchte, kann auch Kap. 2 überspringen und direkt zu Kap. 3 gehen. Das dort Diskutierte motiviert dann ab und zu vielleicht, zu Kap. 2 zurückblättern. Doch der Reihe nach.

# 2

# Emotionen, Passionen, Stimmungen und existenzielle Gefühle

Wenn wir im Folgenden der Frage nachgehen, ob wir unseren eigenen Gefühlen oder den Gefühlen anderer Menschen trauen können, dann bezieht sich diese Frage vor allem auf unsere Emotionen und Stimmungen. Zusätzlich werden wir noch einen Blick auf die etwas weniger bekannten Passionen und existenziellen Gefühle und deren Vertrauenswürdigkeit werfen. ↗Charakterzüge, wie zum Beispiel eine fröhliche, ängstliche oder nachtragende Person zu sein, stehen hingegen nicht im Fokus der Untersuchung. Sie disponieren Personen zwar dazu, bestimmte Emotionen und Stimmungen besonders leicht oder auch wiederholt zu erleben, werden selbst jedoch nicht empfunden und gehören daher nicht zu den Gefühlen.

## 2.1 Emotionen

Wenden wir uns zunächst etwas ausführlicher den ↗Emotionen zu. Emotionen werden zwar häufig als Zustände angesehen, sie sind aber komplexe und dynamisch sich entfaltende Prozesse, die in der Regel über Veränderungen, die für uns bedeutsam sind, informieren. Sie tun dies, indem sie unsere Aufmerksamkeit auf die neue Situation richten, diese in ihrer spezifischen Bedeutsamkeit präsentieren und


A. Stephan, *Gefühle – können wir ihnen trauen?*, #philosophieorientiert,
https://doi.org/10.1007/978-3-662-73285-4_2

uns zugleich darauf vorbereiten, angemessen auf die Veränderungen zu reagieren. Ein Beispiel: Sie könnten bei einer Wanderung im Gebirge mit Vergnügen Alpenrosen, Enzian und Edelweiß betrachten, bis Sie aufkommender Wind (eine Veränderung) leicht beunruhigt und Sie nach oben blicken lässt (Neuausrichtung der Aufmerksamkeit). Sie bemerken, wie sich schnell ziehende Gewitterwolken von Westen her heranschieben (weitere Veränderung). Ihre nun einsetzende Furcht vor einem Gewitter (Präsentation der Bedeutsamkeit) lässt Sie in großer Eile nach einem sicheren Unterschlupf suchen (Ausrichtung der Aufmerksamkeit und Handlungstendenz).

Emotionen haben zum Teil eine evolutionäre Geschichte, unterliegen spezifischen kulturellen Prägungen und können unterschiedliche Zeitspannen umfassen. Hauptsächlich kennen wir Emotionen als Vorgänge von kurzer Dauer – wie zum Beispiel die Furcht vor einem wild bellenden und schnell auf uns zulaufenden Hund, den Ärger über eine herablassende Bemerkung eines arroganten Kollegen oder die Freude über ein gerade gewonnenes Skatspiel. Wie kommen solche Reaktionen zustande? Klaus Scherer, ein führender Emotionspsychologe und der Gründungsdirektor des Schweizer Zentrums für Affektwissenschaften, nimmt an, dass wir im Hintergrund unserer bewussten Aufmerksamkeit fortwährend prüfen, ob Veränderungen in unserer Lebenswelt auftreten. Stellen wir Veränderungen fest, so beginnt in Sekundenbruchteilen und unbewusst eine ganze Kaskade von weiteren graduellen Überprüfungen (die sogenannten *stimulus evaluation checks*), die sich wie folgt in Worte fassen lassen:

- *Relevanz*: Ist das, was gerade geschieht, eine Situation, die für mich oder mir wichtige Personen von Bedeutung ist?

- *Implikationen*: Wenn ja, sind die damit einhergehenden Veränderungen gut oder schlecht für mich, meine längerfristigen Ziele oder mir wichtige Personen?
- *Bewältigungsmöglichkeiten*: Falls schlecht, wie gut kann ich damit umgehen oder mich darauf einlassen?
- *Normative Bedeutung*: Was bedeutet das, was geschieht, für mein Selbstideal und Selbstverständnis und in welchem Verhältnis steht es zu den von mir akzeptierten sozialen Normen und Werten?

In dem oben gegebenen Beispiel hätten die Veränderungen (der aufkommende Wind, die heranziehenden Gewitterwolken) Relevanz für Sie als Vorboten einer potenziell gefährlichen Entwicklung, die Sie nach Bewältigungsmöglichkeiten suchen lässt (Aufsuchen einer Schutzhütte oder, falls noch möglich, schneller Abstieg ins Tal). Eine normative Bedeutung ist hier nicht involviert, sie könnte ins Spiel kommen, wenn es (unsinnigerweise) zu Ihrem Selbstverständnis gehören würde, unter allen Umständen noch bis zum nächsten Gipfel aufzusteigen.

Ausdrücklich *nicht* vorausgesetzt wird, dass es sich bei den *stimulus evaluation checks* um bewusste, nach einer Reihe von Abwägungen vollzogene Urteile handelt. Und schon gar nicht um Urteile kleiner Menschlein (Homunkuli), die – wie im Disney-Film „Alles steht Kopf" – verschiedene Emotionen verkörpern. Vielmehr wird angenommen, dass es sich um automatisch und unbewusst ablaufende Prozesse handelt, die unseren Körper so konfigurieren und ausrichten, als würden sie Antworten auf diese Fragen geben. Je nachdem, wie unsere unmittelbaren Bewertungen ausfallen (im Englischen spricht man von *appraisals*), werden eine ganze Reihe von zusammenhängenden synchronisierten körperlichen Veränderungen im zentralen Nervensystem, im neuroendokrinen (Hormone bildenden)

System und im autonomen Nervensystem, das u. a. die Herzfrequenz kontrolliert, ausgelöst. Die körperlichen Veränderungen können mit einem Ansteigen des Blutdrucks einhergehen, das Ausschütten von Adrenalin und Stresshormonen bedeuten, Schwitzen und Muskelanspannung auslösen und die Aktivierung bestimmter Hirnregionen (z. B. der ↗Amygdala) umfassen. Zugleich entstehen Handlungsbereitschaften, die durch die neuronalen Veränderungen eine Unterstützung erfahren und bei Gefahr beispielsweise in Erstarrung, Flucht- oder Angriffstendenzen zum Ausdruck kommen, bei Verlusten zu Weinen und Hilfsersuchen an nahestehende Personen führen oder nach dem Bestehen einer Prüfung im Vorbereiten einer vergnüglichen Feier münden können. Darüber hinaus zeigen sich körperliche Veränderungen in unserem Ausdrucksverhalten – in Mimik, Gestik und Körperhaltung sowie in unserer Stimme. All diese Veränderungen werden in der Regel von uns in einer für die jeweilige Emotion typischen Weise erlebt, in der sich unser verändertes Körpergefühl mit dem mischt, worauf sich die Emotion bezieht, wobei das, was in einer emotionalen Episode erlebt wird, als die Gefühlskomponente einer Emotion gilt. Im Nachgang können zu den in Sekundenbruchteilen erfolgten Evaluierungen freilich auch bewusste Neubewertungen der entsprechenden Situation hinzutreten, die in der Folge wiederum das weitere körperliche Geschehen beeinflussen. Auch haben wir dadurch einen Einfluss darauf, wie sehr wir unseren Emotionen Ausdruck verleihen möchten. In bestimmten sozialen Konstellationen könnten wir es vorziehen, andere nicht merken zu lassen, wie sehr uns eine Bemerkung kränkt, in anderen lassen wir unseren Ärger darüber vielleicht freien Lauf.

Die an einer emotionalen Episode beteiligten Komponenten und ihre Funktion sind in Tab. 2.1, die an Scherer (2005) orientiert ist, zusammengefasst.

Während sich unser Ärger auf diejenigen richtet, die unseren Ärger hervorgerufen haben, richtet sich unsere Scham auf uns selbst und lässt uns am liebsten im Boden versinken, um nicht länger den anderen, vor denen wir uns schämen, ausgesetzt zu sein. Auf der Verhaltensebene können emotionale Reaktionen zu einer Unterbrechung von Handlungsabläufen und zu einer Neuausrichtung der Aufmerksamkeit führen – Emotionen haben Vorrang in der Handlungssteuerung. Unser Denken und Handeln kann in neue Richtungen gelenkt werden, wobei die sich daraus in dynamischen sozialen Interaktionen ergebenden Veränderungen wiederum die nachfolgenden Bewertungsprozesse beeinflussen und dadurch zu erneuten Anpassungen führen können. Wenn diese Prozesse funktionieren, die Situationen, denen wir begegnen, richtig erfasst werden,

**Tab. 2.1** Komponenten-Prozess-Modell von Emotionen (nach Scherer)

| Funktion der Emotion | Emotionskomponente |
|---|---|
| Bewertung von Objekten und Ereignissen | kognitive Komponente (Appraisal) |
| Systemregulation | neurophysiologische Komponente (körperliche Veränderungen) |
| Vorbereitung und Ausrichtung von Handlungen | motivationale Komponente (Handlungstendenzen) |
| Kommunikation der Reaktion und der Verhaltensabsichten | motorische Ausdruckskomponente (Gesichtsausdruck, Körperhaltung, Stimme) |
| Kontrolle der internen Zustände und der Organismus-Umwelt-Interaktion | subjektive Gefühlskomponente (emotionales Erleben) |

unser Körper entsprechend aktiviert und ausgerichtet wird, und wir zugleich die Ereignisse in den Blick nehmen, die uns emotional herausfordern, dann können wir unseren Emotionen in der Tat vertrauen. Würden wir dies dauerhaft nicht tun, hätten wir keinen unverzüglichen Zugriff auf die Welt.

In der Philosophie und vor allem in der Psychotherapie gibt es jedoch auch ein starkes Interesse an Emotionen, die sich über sehr viel längere Zeiträume als Sekunden oder Minuten erstrecken und für unser Leben insgesamt von größerer Bedeutung sind. Wen dauerhaft Schuldgefühle oder Scham belasten oder wen die Trauer über eine viel zu früh verstorbene Lebensgefährtin nicht mehr loslässt, wird Unterstützung bei erfahrenen Psychotherapeuten suchen. Länger andauernde belastende Emotionen sind im therapeutischen Bereich das Alltagsgeschäft. Sie lassen sich nur nicht leicht unter ↗operationalisierbaren Laborbedingungen studieren, was vielleicht der Grund dafür ist, dass in der Emotionspsychologie vorwiegend kurzzeitige emotionale Episoden erforscht wurden, die mit zahlreichen Versuchspersonen unter festgelegten Testbedingungen auf vielfältige Weise studiert werden können. Aber auch in der Philosophie haben länger andauernde Emotionen ein Forum. Peter Goldie schildert zum Beispiel eine Eifersuchtsgeschichte, die mehrere Tage tiefer emotionaler Verstrickung umfasst, Robert Solomon konfrontiert die Perspektive kurzlebiger Emotionsepisoden explizit mit seinem Interesse an Emotionen, deren Entwicklung in länger dauernden Narrativen (wie denjenigen über Othello und Iago) entfaltet wird, und Ludwig Wittgenstein fragt sich in seinen *Philosophischen Untersuchungen*, warum der Satz „Er fühlte für eine Sekunde tiefen Kummer" so merkwürdig klingt.

Unter den ↗länger andauernden Emotionen lassen sich mit Aaron Ben-Ze'ev zeitlich ausgedehnte von dauerhaften Emotionen unterscheiden. Einige dauerhafte Emotionen können uns in der Tat über Jahre begleiten, wenn nicht durch das ganze Leben, und sie werden nicht nur erinnert, sondern immer wieder auf die eine oder andere Weise sowohl in ihrem ursprünglichen Weltbezug als auch in ihrer phänomenalen Tiefe und Breite erlebt. Häufig handelt es sich dabei um Reaktionen auf Ereignisse, die uns mehr abverlangen, als unsere Fähigkeiten zur ↗Emotionsregulation bieten. Arvid Kappas fragte einst in einem Vortrag: „Wie lange dauert eine Emotion an?" und gab die Antwort: „Bis sie reguliert ist". Für einige Menschen ist der Verlust ihres Kindes ein Ereignis, über das sie nicht hinwegkommen, so dass tiefer Kummer ein ständiger Begleiter ihres Lebens wird. Andere mögen kaum mit etwas fertig werden, das sie selbst getan haben und für das sie sich anklagen – sie erleben immer wieder ins Zentrum ihrer Aufmerksamkeit rückende Schuldgefühle. Wieder andere können von Missbrauch, Vergewaltigung oder Folter traumatisiert sein: Geschehnisse, die so stark und verheerend waren, dass ihre Nachbeben nie zu enden scheinen. Nur hartnäckige psychotherapeutische Arbeit mag manchmal in der Lage sein, ein völlig aus der Balance geratenes affektives Leben zu stabilisieren. Es gibt aber auch freudige Momente, die wir ein Leben lang gerne aufleben lassen, sei es der Stolz über einen Olympiasieg im Rudern oder die Besteigung eines herausfordernden Berges oder die Freude über großartige Reiseerfahrungen in fremden Ländern. Solche Emotionen treten ins Bewusstsein, wenn durch äußere Begebenheiten oder Erinnerungen die Ereignisse wieder lebendig werden, die einstmals zu diesen Emotionen geführt hatten.

Andere, weniger schwerwiegende, aber dennoch zeitlich ausgedehnte emotionale Prozesse mögen ein paar Stunden oder Tage dauern, bevor sie mehr oder weniger ausklingen. Diese werden – aufgrund ihrer Bezogenheit auf dasselbe auslösende Ereignis – meist als zu einer emotionalen Episode gehörig erlebt, selbst dann, wenn sie im Hinblick auf ihre Intensität und ihren Typ mehrfache Veränderungen durchlaufen. Beispielhaft berichten Nico Frijda und sein Team (1991, 200) von einer Frau, die abends auf ihrem Nachhauseweg von zwei jungen Männern in vulgärer Weise belästigt wurde. Den einen hörte sie sagen: „Leckeres Teil, würde gerne auf ihr liegen!" Seine Bemerkung ekelte sie an, führte zu Brechreiz und ließ sie am ganzen Leib zittern. Als sie nach Hause kam, war sie so verärgert und aufgebracht, dass sie Gegenstände durch die Wohnung warf. In der folgenden Nacht träumte sie dann von Frauen, die ihre Geschlechtsteile im Gesicht trugen und wachte davon auf. Nach etwa einer Stunde änderten sich ihre Gefühle, sie fand den Kerl, der die Bemerkung gemacht hatte, nur noch lächerlich und musste lachen. Als sie dann später einkaufen ging, hatte sie die entwürdigende Situation weitgehend hinter sich gelassen.

Die meisten der etwas länger andauernden Emotionen klingen nach einer gewissen Weile ab. Selbst rasende Eifersucht kommt zu einem Ende, wenn ein neuer Partner gefunden ist, Traurigkeit über eine vergebene Chance weicht, wenn eine neue Herausforderung in den Blick gerät. Wir sollten jedoch beachten, dass die *länger andauernden* Emotionen nicht die für kurzlebige Emotionsepisoden typischen Synchronisierungen der fünf Emotionskomponenten aufweisen. Zwischen den Momenten, in denen der emotionale Prozess im Vordergrund unserer Aufmerksamkeit steht, kann es längere Phasen geben, in denen wir mit anderen Dingen beschäftigt sind, in denen sowohl die neurophysiologischen Aktivierungen als auch die körperlichen Ausdrucksformen schwinden und wir die entsprechende Emotion nicht erleben. Gleichwohl können die ursprünglichen

Handlungstendenzen im Hintergrund bestehen bleiben und zu einem späteren Zeitpunkt wieder aufgegriffen werden.

Unter Philosophen und Psychologen besteht weitgehend Einigkeit darüber, dass sowohl länger andauernde Emotionen wie z. B. ein chronischer Groll oder lebenslange Trauer als auch kurzzeitige emotionale Episoden wie eine vorübergehende Befürchtung oder Freude auf Vorkommnisse in der Welt gerichtet sind – auf Ereignisse, Situationen, Personen oder Objekte – und diese in einer spezifischen Weise präsentieren. Sie sind stets *Erfahrungen von etwas* und haben damit eine spezifische Form von ↗ *Intentionalität* – einen affektiven Weltbezug. Emotionen erschließen jedoch nicht nur Aspekte der (Außen-)Welt, sondern zugleich immer auch die konkrete subjektive Situation der Fühlenden. Wer sich zum Beispiel *vor* einer Gefahr fürchtet, was eine Form des *Welt*bezugs ist, fühlt *sich* zugleich gefährdet, also in einer spezifischen Hinsicht verletzlich oder angreifbar – eine Form des *Selbst*bezugs. Darüber hinaus verweist die Furcht darauf, dass eigene zentrale Anliegen und Bedürfnisse nicht erfüllt werden, nämlich die nach Sicherheit und körperlicher Unversehrtheit. Auch fühlen wir uns in ähnlicher Weise betroffen, wenn Menschen, die uns nahestehen, einer größeren Gefährdung ausgesetzt sind. Die Gefährdung eines Freundes oder einer Freundin hat einen indirekten Bezug auf uns selbst. Wer hingegen um einen unwiederbringlichen Verlust trauert, fühlt sich zugleich ärmer zurückgelassen und beraubt. Im Groll nehmen wir etwas als einen Affront gegen uns oder uns nahestehende Menschen wahr – üblicherweise die Handlung oder Haltung einer anderen Person, die uns in abweisender Form betrifft. Im selben Augenblick deuten wir uns selbst sowie die uns Nahestehenden als attackiert, geringschätzig behandelt oder geschädigt durch das, was die andere Person getan bzw. unterlassen hat. Unserem tiefen Bedürfnis nach Respekt wurde nicht Rechnung getragen. Zu den „Aspekten der Welt“ können freilich auch Gedanken und Handlungen des emotional involvierten Subjektes selbst gehören: So kann man über eigene Wünsche erschrocken sein, sich wegen begangener Verfehlungen schämen und sich vor eigenen aggressiven Impulsen fürchten. Dennoch bleibt auch hier die Doppelstruktur der emotionalen Bezogenheit erhalten: *sich*-angesichts-von-*etwas*-fühlen.

Diese Wechselseitigkeit von Selbstbezug und Weltbezug in emotionalen Prozessen macht wesentlich die spezifische Bedeutung aus, die Emotionen für uns haben: Durch Emotionen erfolgt eine *spürbare* Einschätzung von Ereignissen und Situationen, die für die fühlende Person besonders wichtig sind.

## 2.2 Passionen

Wie wir gerade sehen konnten, sind Emotionen in der Regel Reaktionen auf Ereignisse, die etwas tangieren, das uns wichtig ist, seien dies Vorhaben, die wir verfolgen möchten, Personen, die wir lieben und schätzen, ein respektvoller Umgang, den wir von anderen erwarten, oder andere Anliegen und Bedürfnisse. Ruth Rebecca Tietjen hat unlängst auf affektive Zustände aufmerksam gemacht, die im Unterschied zu Emotionen selbst Anliegen, *affektive* Anliegen, sind. Sie gebraucht für diese den durchaus passenden, wenngleich etwas aus der Mode gekommenen Begriff der ↗Passion (oder der Leidenschaft). Eine Passion haben wir für das, was uns sehr wichtig ist, mit dem wir uns affektiv verbunden fühlen und für das wir bereit sind, uns leidenschaftlich zu engagieren. Das können bestimmte Personen sein, aber auch Gruppen, Institutionen, Wertvorstellungen, politische Ideen oder Tätigkeiten. Passionen teilen mit den zeitlich ausgedehnten Emotionen, dass wir sie in der Regel über einen längeren Zeitraum haben, und dass sie sich auf konkrete Dinge beziehen. Während Emotionen jedoch auf für uns maßgeblichen Anliegen basieren, die in einer bestimmten Situation erfüllt oder in Frage gestellt zu werden scheinen, stellen Passionen selbst eine Form von (affektiven) Anliegen dar, die bestimmte Emotionen auslösen, wenn sie beeinträchtigt werden oder realisiert werden sollen. Eine besondere Passion ist Tietjen zufolge religiöser Eifer, aber auch Liebe, Enthusiasmus, Hass und Verachtung können den Passionen zugerechnet werden. Sie sind für die jeweilige Person identitätsstiftende Charakteristika, die ihren emotionalen Reaktionen und Handlungen über einen längeren Zeitraum hinweg eine Richtung und Kontinuität verleihen. Während eine anfängliche ungestüme Verliebtheit klarerweise den Emotionen zuzurechnen ist, stiftet Liebe in einer Partnerschaft Kontinuität. Sie ist ebenfalls affektiv auf den anderen Menschen bezogen, stellt aber eher die Basis für eine ganze Reihe von Emotionen dar, die sich aus den Widerfahrnissen der geliebten Person und unseren Interaktionen mit ihr ergeben, seien dies Sorgen, Furcht, Hoffnung oder Erleichterung, je nachdem, ob die andere Person gesundheitlich angeschlagen ist, sich eingehend untersuchen lassen muss, um schließlich zu erfahren, dass nichts Ernsthaftes vorliegt. Nach Bewältigung einer herausfordernden Tätigkeit können wir Mitfreude empfinden oder Eifersucht, wenn der Verdacht besteht, dass ein anderer das Interesse der geliebten Person zu sehr auf sich gezogen hat.

Bei Passionen lassen sich (wie bei Emotionen) verschiedene Komponenten identifizieren. Während die kognitive Komponente einer Person, einer Gruppe, einer Gesellschaft oder einer Religion höchste Bedeutung beimisst, umfasst die affektive Komponente, die als solche auch gefühlt wird, den leidenschaftlichen Einsatz für diese Dinge, oder – im Falle von Hass auf eine rivalisierende Gruppe oder eine spezifische Gesellschaft – die unnachsichtige

Verfolgung genau der Menschen oder Institutionen, die als hassenswert angesehen werden. Die motivationale Komponente schließlich stellt Handlungen bereit, die zu einer Realisierung des für erforderlich Gehaltenen führen. So kann eine Passion im aufopferungsvollen Pflegen eines geliebten, schwer erkrankten Partners ebenso zum Ausdruck kommen, wie im leidenschaftlichen Kampf von Naturschützern für den Erhalt der Umwelt. In Form von Hass liegt sie den daraus resultierenden Gewalttaten zu Grunde wie beispielsweise den Attentaten der RAF, den Terroranschlägen vom 11. September 2001 oder den Christchurch-Attentaten durch Brenton Tarrant 2019.

Während sich einige Passionen, wie etwa die Liebe eines Kindes zu seiner Mutter oder zu anderen wichtigen Bezugspersonen, sehr früh entwickeln, bilden sich vor allem politisch oder religiös motivierte Leidenschaften in der Regel erst in der Adoleszenz oder im Erwachsenenleben aus.

## 2.3 Stimmungen

Wenden wir uns nun den ↗Stimmungen zu. Zu einer bestimmten Zeit sind wir stets in einer, aber auch nur einer vorherrschenden Stimmung, auch wenn wir gleichzeitig mehrere Emotionen und Passionen haben können, wenn wir uns z. B. über ein attraktives Arbeitsangebot freuen, zugleich aber besorgt und traurig sind, da der neue Arbeitsort weit entfernt von unseren Liebsten ist. Und natürlich können wir uns passioniert sowohl für den Fortbestand unseres liberalen Rechtsstaates engagieren als auch für die Belange unserer Familie oder unsere beruflichen Aufgaben. Aber wie ein Instrument nicht gleichzeitig auf zwei verschiedene Weisen gestimmt sein kann, können auch wir nicht zur gleichen Zeit in verschiedenen Stimmungen sein. So können wir uns außer in einer ausgeglichenen Stimmung entweder in einer eher angenehmen oder eher unangenehmen Stimmung befinden. Zu den unangenehmen Stimmungen gehören zum Beispiel Niedergeschlagenheit, Mutlosigkeit und Verzagtheit, Traurigkeit und Melancholie, Verdrossenheit und Gereiztheit, Angst und Verzweiflung, Langeweile, Unsicherheit sowie Hoffnungslosigkeit und gegebenenfalls Mischformen daraus. Unter den angenehmen Stimmungen finden wir Entspanntheit, Fröhlichkeit und Heiterkeit, Feierlichkeit und Festlichkeit, Begeisterung, Hoffnungsfreude, Ausgelassenheit, Euphorie und Überschwänglichkeit, wobei die beiden letztgenannten Stimmungen auch in bipolaren Stimmungsstörungen auftreten können, also nicht uneingeschränkt positiv einzuschätzen sind.

Wie unterscheiden sich nun Stimmungen von den bisher charakterisierten Emotionen und Passionen? Die am häufigsten genannten Merkmale sind ihre vermeintlich längere Dauer und ihr fehlender oder unspezifischer Weltbezug. Ohne Zweifel unterscheiden sich Stimmungen in ihrer Dauer deutlich von kurzzeitigen Emotionen. Stimmungen wie Niedergeschlagenheit und Hoffnungslosigkeit können sich über Stunden, Tage oder sogar Wochen erstrecken und sie zeigen, wenn überhaupt, nur geringe synchronisierte körperliche Aktivierungen, wie sie für emotionale Episoden typisch sind. Wie wir sahen, gibt es aber auch Emotionen, die länger andauern können, und Passionen umfassen ebenfalls längere Zeiträume. Insofern ist die Dauer eines affektiven Zustands oder Prozesses kein geeignetes Kriterium, um Stimmungen von Emotionen und Passionen generell zu unterscheiden. Was die länger andauernden Emotionen jedoch von Stimmungen unterscheidet, ist die Art ihrer Intentionalität, ihres Weltbezugs: ihre Gerichtetheit auf *spezifische* Ereignisse, Situationen, Personen oder Gegenstände, die sie uns wiederum in bestimmter Weise präsentieren (z. B. als gefährlich oder begehrenswert). Es ist dieses

Merkmal, der spezifische Bezug auf Ereignisse in der Welt, auf das sich Frijda explizit bezieht, wenn er länger andauernde affektive Prozesse wie die oben beschriebene Sequenz der sexuell belästigten Frau eindeutig den Emotionen – und nicht den Stimmungen – zuschreibt. Im Unterschied zu Emotionen beziehen sich Stimmungen nämlich nicht auf *bestimmte* Objekte oder Situationen. Sie können jedoch aus Emotionen, die uns stark oder länger beschäftigen, hervorgehen und in der Folge *alle* Vorkommnisse in der Welt in dem für sie typischen Licht färben. So können unsere Enttäuschung und Frustration über den Verlust des Arbeitsplatzes in eine melancholische Stimmung übergehen, die *alles*, was wir tun und erleben, grau und verhangen erscheinen lässt. Aus dem Ärger, der aus fortgesetzten herablassenden Bemerkungen aus dem vermeintlichen Freundeskreis resultiert, kann eine Gereiztheit entstehen, die ebenfalls *alle* nachfolgenden sozialen Interaktionen beeinflusst. Umgekehrt begünstigen Stimmungen bestimmte zu ihnen passende emotionale Reaktionen: Sind wir erst einmal verdrossen und gereizt, finden wir leicht Gründe, uns über etwas aufzuregen und zu ärgern. Sind wir dagegen in heiterer Stimmung, entdecken wir viele Dinge, die uns Freude bereiten können.

Die Meinungen gehen freilich darüber auseinander, ob Stimmungen *überhaupt* Intentionalität haben oder ob sie durch eine andere Art des Weltbezugs als Emotionen ausgezeichnet sind. Otto Friedrich Bollnow ist zum Beispiel der Ansicht, dass Stimmungen keine Intentionalität haben: „Die Stimmungen [...] sind Zuständlichkeiten, Färbungen des gesamten menschlichen Daseins, in denen das Ich seiner selbst in einer bestimmten Weise unmittelbar inne wird, die aber nicht auf etwas außer ihnen Liegendes hinausverweisen" (1995, S. 34–35). Hätte Bollnow recht, so könnten uns Stimmungen allenfalls etwas über uns selbst mitteilen, nicht jedoch etwas über die uns umgebende Welt.

Mehrheitlich, und auch ich teile diese Ansicht, erkennen Philosophen und Psychologen jedoch an, dass auch Stimmungen einen Weltbezug haben, wenngleich auf andere Weise als Emotionen. Sie greifen auf die Welt als Ganzes aus, auf alles, was uns widerfährt, ohne sich dabei auf bestimmte Situationen zu beziehen, selbst wenn sie durch spezifische Ereignisse ausgelöst wurden. Das freundliche Licht oder der düstere Schatten, den eine Stimmung werfen kann, bezieht sich stets auf jeden Gegenstand und jede Begebenheit unseres Erlebens und ist nicht auf einen spezifischen Sachverhalt begrenzt.

Stimmungen sind Befindlichkeiten, in die eine Vielzahl von Faktoren einfließen, die sich sowohl bezüglich ihres zeitlichen Horizontes als auch hinsichtlich der Bedeutung, die sie für uns haben, deutlich voneinander unterscheiden können. Dazu zählt zum einen, wie es uns insgesamt geht, ob wir unsere Pläne umsetzen und so leben können, wie wir es uns vorstellen. Zum anderen kann sich die Gefühlslage einer ganzen Gruppe, der wir uns zugehörig fühlen, in unserer eigenen Stimmung spiegeln. Ebenso können sich, wie wir gerade sehen konnten, eindringliche emotionale Erfahrungen in Stimmungen niederschlagen. Darüber hinaus beeinflussen auch körperliche Aktivitäten oder klimatische Bedingungen unsere Gesamtstimmung. Da Stimmungen auf einer solchen Vielzahl von Einflüssen basieren, sollten wir nicht nach *dem* Auslöser einer Stimmung fragen, sondern eher beleuchten, welche Faktoren in ihrer Gesamtheit zu ihr beigetragen haben. In der Regel werden drei Kategorien von Auslösern unterschieden: allgemeine Umweltbedingungen, organismische Bedingungen und die Nachwirkungen von Emotionen. Diese Faktoren erklären allerdings nur die eher vorübergehenden Färbungen vieler Stimmungen. Um auch so etwas wie den *Generalbass* unserer Gefühlslage zu erfassen, möchte ich zusätzlich noch zwei weitere Faktoren ins Spiel bringen: den Einfluss politischer Verhältnisse und sozialer Gruppen sowie den existenziellen Hintergrund, der widerspiegelt, wie unser Leben insgesamt gelingt. Abhängig von der Beständigkeit ihres Einflusses stelle ich die daraus resultierenden fünf Kategorien sowie die zu ihnen gehörenden Faktoren in Form eines Schichtenmodells vor (s. Tab. 2.2).

Die tiefste Schicht unseres emotionalen Lebens wird von den Stimmungen gebildet, die zum Ausdruck bringen, wie es uns insgesamt mit unserem Leben geht. So sind beispielsweise beständige Gefühle der Sicherheit, Geborgenheit und Anerkennung (oder deren Gegensätze), die bereits im frühen Kindesalter zu einem Urvertrauen (bzw. Urmisstrauen) führen können, immer auch die kondensierten Ergebnisse unserer gesamten erlebten Lebenswiderfahrnisse. Sie entwickeln sich von frühester Kindheit an durch die Pubertät und nachfolgenden Lebensphasen und bilden den Generalbass menschlicher ↗Affektivität. Wir können sie uns in den akuten Stimmungen als stets präsent vorstellen, auch wenn wir sie kaum jemals in ihrer reinen Form erleben werden.

Von ebenfalls bemerkenswertem Bestand sind Stimmungsanteile, die sozialen Einflüssen zuzurechnen sind. So kann zum einen die bewusst gewählte Zugehörigkeit zu einer Gruppe, die ein bestimmtes Stimmungsrepertoire kultiviert (man denke an Hippies im Vergleich zu sogenannten Wutbürgern), die entsprechenden Gefühlslagen auch in den beteiligten Individuen fortwährend prägen, zumal jene unter den Zugehörigen eine gegenseitige Bestärkung erfahren. Eine ganz andere Form von gesellschaftlich induzierten Stimmungen resultiert aus vorherrschenden öffentlichen Atmosphären, die Gesellschaften durchdringen können. So wirkt sich ein allgemeines Gefühl des Aufbruchs, wie es 1968 Deutschland und auch viele andere Länder durchwehte, völlig anders auf die Bürgerinnen und Bürger aus als eine durch ein totalitäres Regime

**Tab. 2.2** Stimmungsfaktoren (die in Spalte 3 genannten Stimmungsanteile sind beispielhafte Reaktionen auf die zugehörigen Einflüsse)

| Faktoren | Beispiele | Art des Einflusses | Dauer des Einflusses |
|---|---|---|---|
| organismische Einflüsse | • Sportliche Betätigung<br>• Pollenallergie<br>• chronisches Erschöpfungssyndrom | • Zufriedenheit<br>• Gereiztheit<br>• Niedergeschlagenheit | • eher kurz<br>• während des Pollenflugs<br>• dauerhaft |
| Umweltreize | • sommerliche Hitzewelle<br>• Aufenthalt in einer erhabenen Moschee<br>• fortwährender Lärm und Schmutz am Arbeitsplatz | • Gereiztheit<br>• andächtige Entspanntheit<br>• Verdrossenheit und Gereiztheit | • während der Hitzewelle<br>• eher kurz<br>• dauerhaft |
| emotionale Verwicklungen | • im Anschluss an Ärger<br>• im Anschluss an Trauer<br>• im Anschluss an Freude | • Gereiztheit<br>• Traurigkeit und Melancholie<br>• Fröhlichkeit | • meist mittel<br>• mittel bis dauerhaft<br>• eher kurz |
| soziale Einflüsse | • Teil der Hippie-Kultur<br>• Teil der Wutbürger<br>• Zeit politischen Aufbruchs<br>• Leben unter einer totalitären Regierung | • Begeisterung und Fröhlichkeit<br>• Verdrossenheit und Aggressivität<br>• Zuversicht und Begeisterung<br>• Unsicherheit und Hoffnungslosigkeit | • mittel bis dauerhaft<br>• mittel bis dauerhaft<br>• meist mittel<br>• meist dauerhaft |
| existenzielle Gegebenheiten | • erfülltes Leben in persönlicher und beruflicher Hinsicht<br>• wiederholte akademische Frustration<br>• häufig scheiternde Beziehungen | • Fröhlichkeit und glückliche Zufriedenheit<br>• Hoffnungslosigkeit und Niedergeschlagenheit<br>• Verzagtheit, Traurigkeit und Verzweiflung | • dauerhaft<br>• dauerhaft<br>• dauerhaft |

verbreitete Atmosphäre der Einschüchterung, die sehr viele Menschen in Angst, Unsicherheit und Beklommenheit stürzt. Noch einmal anders trübt eine allgemeine Sorge – wie unlängst durch die Covid-19-Pandemie veranlasst – nahezu alle Beziehungen und Tätigkeiten und findet auf unangenehme Weise Resonanz in allen Lebensverhältnissen.

Eine dritte Schicht umfasst Stimmungen, die aus emotionalen Verwicklungen resultieren, die zu stark oder zu nachhaltig waren, um beizeiten reguliert werden zu können. Solche Emotionen sind geeignet, den affektiven Hintergrund einer Person für verschieden lange Zeitfenster zu verändern, jeweils abhängig von der Stärke der emotionalen Nachwirkung. Ein als typisch geltender Fall ist der gereizt von der Arbeit heimkehrende Familienvater, der tagsüber eine Auseinandersetzung mit seinem Chef über seine Arbeitsleistung hatte und dann zu Hause missgelaunt auf seine Kinder reagiert. Ein anderes Beispiel ist die anhaltende Niedergeschlagenheit, die dem Kummer auf den Verlust einer nahestehenden Person folgen mag. Zu dieser Kategorie gehören aber auch die Nachwirkungen auf politisch motivierte Emotionen. In der Regel ist es nicht möglich, auf politische Entscheidungen, die heftige Emotionen auslösen, kurzfristig so zu reagieren, dass der Anlass für die Emotion schwindet, was dazu führt, dass ähnliche Emotionen immer wieder ausgelöst werden – ein Sachverhalt, der zu nachhaltigen Stimmungsveränderungen führen kann, durchaus sichtbar bei Wutbürgern und Querdenkern.

Schließlich sind die den beiden eher oberflächlichen Schichten zuzurechnenden Stimmungsanteile zu berücksichtigen, die vor allem auf Reize aus der Umgebung (vierte Schicht) und organismische Faktoren (fünfte Schicht) zurückgehen. Dazu gehören eher flüchtige Stimmungsänderungen wie eine durch große Hitze ausgelöste allgemeine Reizbarkeit oder die andächtige Entspanntheit, die von Orten besonderer Aura wie einer alten Basilika oder einer ehrwürdigen Moschee ausgehen. Meist ist der Einfluss solcher Faktoren nur von vorübergehendem Charakter. Er wird jedoch dauerhaft, wenn Umweltbedingungen permanente Begleiter sind, wie Staub und Krach für Minenarbeiter, oder den Wohnort prägen, wie die Einflugschneise eines hochfrequentierten Flughafens. Gleiches gilt für den Einfluss der sozialen Umgebung, zum Beispiel die Atmosphäre am Arbeitsplatz. Typische organismische Einflüsse sind eine auf sportliche Betätigungen zurückgehende Zufriedenheit oder eine durch eine Pollenallergie oder auch großen Hunger ausgelöste Gereiztheit. Bei schweren chronischen Erkrankungen kann der sonst vorübergehende organismische Faktor zu einem basalen existenziellen Element werden, das alle Lebenspläne erfasst und beeinträchtigt.

Da wir Zustands*änderungen* sehr viel leichter wahrnehmen als fortbestehende Zustände, halten wir in der Regel die auf Umweltreize und organismische Veränderungen zurückgehenden oder die durch Nachwirkungen emotionaler Erregungen ausgelösten Stimmungsänderungen für unsere eigentlichen Stimmungen und übersehen dabei den zentralen Anteil, den tiefere und länger vorhaltende Stimmungsschichten an unseren aktuellen Stimmungen haben. Letztere beeinflussen zugleich, in welchem Maße die kurzfristiger wirkenden Faktoren in der Lage sind, gegenwärtige Stimmungen zu verändern, sei es zum Besseren oder zum Schlechteren: Sind wir, alles in allem betrachtet, mit unserem Lebensgeschick zufrieden und mit einem unerschütterlichen Gefühl sinnvollen Eingebundenseins in die Welt ausgestattet, dann mögen selbst gravierende Herausforderungen wie eine chronische Erkrankung, Arbeitslosigkeit oder der Verlust von Fähigkeiten im Zuge unseres Alterungsprozesses unsere Stimmung nicht nachhaltig ins Schlechte wenden, auch wenn sie dies natürlich könnten. Insofern ist die Grundstimmung eines Menschen, die dessen existenzielle Situation erfasst, ein durchaus wichtiger Faktor für ↗Resilienz. Kleineres Ungemach mag uns dann möglicherweise gar nicht tangieren: ein regnerischer Tag mag uns dazu bringen, passende Kleidung anzuziehen, Hunger dazu führen, nach etwas Nahrhaftem Ausschau zu halten usw. Das Umgekehrte gilt hingegen für Personen, die sich zutiefst getrennt von der Welt erleben und sich durch jede Aufgabe, die ihnen gestellt wird, bereits überfordert fühlen.

Im fortgeschrittenen Erwachsenenalter sind unter normalen Lebensbedingungen keine gravierenden Veränderungen tiefer Stimmungsstrukturen zu erwarten. Allerdings können anhaltende organismische Veränderungen, wie sie beispielsweise mit der Menopause oder zunehmender Gebrechlichkeit im hohen Alter einhergehen, zu einer veränderten Grundstimmung führen. Darüber hinaus können sich die tieferen Stimmungsstrukturen in Folge von Katastrophen und Leid dramatisch verändern, wenn diese Werte und Wertgefüge in Frage stellen, die in der Vergangenheit unantastbar schienen. Wenn Menschen täglich unfassbarer Gewalt und sozialem Elend ausgesetzt werden, wie wir es in dem seit 2011 in Syrien etwa dreizehn Jahren lang tobenden Bürgerkrieg beispielhaft sahen oder gegenwärtig in weiten Teilen der Ukraine erleben, kann auch die affektive Hintergrundstruktur derjenigen kollabieren, die bis dahin ein behütetes und sicheres Leben führen konnten, und Gefühlen von tiefer Verzweiflung, Unsicherheit und Hoffnungslosigkeit Raum geben, wenn auch nicht notwendigerweise. Wir wissen von einigen Menschen, die selbst unter unerträglichen barbarischen Umständen ihre Würde und Zuversicht bewahren konnten. Ein Beispiel und Vorbild von Menschlichkeit war sicher der polnisch-jüdische Arzt Janusz Korczak, der selbst in den übelsten Momenten nationalsozialistischen Unrechts nicht aufhörte, für die ihm anvertrauten Waisenkinder ein Hort der Geborgenheit und

Zuverlässigkeit zu sein – selbst auf ihrem gemeinsamen letzten Weg nach Treblinka. Umgekehrt stellt es eine große Herausforderung für Menschen dar, aus einer zunächst entwickelten unsicheren Hintergrundstruktur heraus dauerhafte Gefühle der Sicherheit und Zugehörigkeit zu entwickeln. Viele vertrauensbildende Erfahrungen scheinen dafür notwendig zu sein, oft auch mit psychotherapeutischer Unterstützung.

Allen Stimmungen ist gemein, dass sie unseren Blick auf die Welt, all unser Erleben und Tun, in je spezifischer Weise färben und dadurch das Auslösen bestimmter, ihnen entsprechender Emotionen begünstigen. Während uns angemessene Emotionen in der Regel auf Handlungen vorbereiten, die geeignet sind, mit den Veränderungen in der Außenwelt zurecht zu kommen, begünstigen Stimmungen – wie übrigens auch Passionen – bestimmte emotionale Prozesse; sie sorgen für eine *Emotionsbereitschaft*, in der bestimmte Emotionen leichter auszulösen sind. Während jedoch Passionen nur dann zu bestimmten Emotionen führen, wenn es um die affektiven Anliegen geht, für die wir uns leidenschaftlich engagieren, sind Stimmungen nicht anliegenbezogen. Sie fördern allgemein die zu ihnen passenden Emotionen. Beispielsweise erleben gereizte Menschen die Welt in einer Weise, die ärgerliche Reaktionen begünstigt, wenn nicht gar nach ihnen verlangt. In dieser Hinsicht sind Stimmungen in allgemeiner Weise weltbezogen, auch wenn sie keine spezifischen Vorkommnisse in der Welt repräsentieren. Zusätzlich teilen sie mit Emotionen die Eigenschaft, auch auf uns selbst bezogen zu sein. Sie zeigen uns, wie es uns insgesamt und gegenwärtig geht – ob wir etwa gereizt, entspannt oder ängstlich sind.

In einer bestimmten Stimmung zu sein, führt nicht dazu, dass sie nachlässt. Während aus einer Emotion heraus zu handeln, häufig ein gutes Mittel ist, die entsprechende Emotion zu regulieren, bedeutet, die einer Stimmung entsprechenden Emotionen zu empfinden und ihnen gemäß zu handeln, nicht, die entsprechende Stimmung zu regulieren oder zum Verschwinden zu bringen. Ganz im Gegenteil: Menschen, die sehr gereizt sind, finden leicht Gelegenheiten, ärgerlich zu reagieren, woraufhin die Antworten, die sie damit provozieren, ihren Ärger und ihre Gereiztheit eher weiter verstärken. Analoge Stimmungszyklen gelten für depressiv verstimmte Personen, aber natürlich auch für diejenigen, die gut gelaunt sind. Stimmungen scheinen eine Tendenz zur Selbststabilisierung zu haben, bis sich erheblich stärkere gegenläufige Einflüsse Geltung verschaffen. Gleichwohl können wir auch gegenüber unseren Stimmungen eine Position beziehen und jene bis zu einem gewissen Grad zu modifizieren versuchen.

Beispiele, in denen wir aktiv unsere Lebenswelt strukturieren, um unter anderem unsere Stimmungen zu beeinflussen, sind leicht zu finden. Einige Bemühungen zielen auf gute Stimmungen, andere auf schlechte; einige Bemühungen sind erfolgreich, andere misslingen. Zahlreiche Menschen gestalten ihre Gärten in einer Weise, dass eine beruhigende und angenehme Atmosphäre entsteht, in der man sich gerne aufhält, andere unterziehen sich einer Psychotherapie, um Strategien zu entwickeln, ihre Ängste zu reduzieren, und wieder andere versuchen mitunter mit Psychopharmaka ihrer depressiven Verstimmung entgegenzuwirken, in die sie nach einem schweren persönlichen Verlust geraten sind, auch wenn ein paar Wochen tiefer Trauer vielleicht eine ganz natürliche Reaktion sein mögen. Darüber hinaus gibt es Personen, die sich durch reichlich Alkohol in die richtige ‚Stimmung' für eine Schlägerei zu versetzen versuchen, was dann in einer Gruppe von Gleichgesinnten schnell zu Provokationen und entsprechendem Ausgang führt. Allerdings beeinflussen uns nahezu alle diese Bemühungen vorwiegend auf der Oberflächenschicht unserer Stimmungen; sie stellen den Hintergrund zur

Verfügung, vor dem bestimmte Emotionen und Handlungen leichter fallen. Nur wenige dieser Bemühungen, und diese sind mit großen Anstrengungen verbunden, reichen bis zu den tiefsten existenziellen Schichten unseres affektiven Lebens.

## 2.4 Existenzielle Gefühle

Während die Ausdrücke ‚Gefühl', ‚Emotion' und ‚Stimmung' tief in unserer Alltagssprache verwurzelt sind, gilt das nicht für den Ausdruck ‚existenzielles Gefühl'. Es ist vor allem Matthew Ratcliffes Verdienst, im Anschluss an Martin Heidegger deutlich gemacht zu haben, welch zentrale, wenngleich häufig auch verdeckte Rolle ↗existenzielle Gefühle in unserem Erleben spielen, wie sie sich in Psychopathologien verändern und was dies für die Patienten bedeutet. Im Unterschied zu Emotionen sind viele existenzielle Gefühle ähnlich den Stimmungen nicht auf spezifische Vorkommnisse in der Welt gerichtet, sondern auf die Welt als Ganzes, auf alle Interaktionen, in die wir involviert sind. Sie konstituieren, um Ratcliffes Worte zu gebrauchen, „die Weisen, wie wir uns in der Welt vorfinden" (2011, S. 147) – ob als reale handlungsmächtige Akteure oder marionettenartig und unwirklich, ob willkommen, zugehörig und sicher, oder entfremdet, distanziert und ohne Zugriff auf die Geschehnisse. Die solchen Einschätzungen korrespondierenden Gefühle unterscheiden sich von den üblichen Stimmungen, wie wir sie im Abschnitt zuvor untersucht haben, können jedoch deren tiefste existenzielle Schicht beeinflussen. Sie strukturieren als Hintergrundorientierungen unsere spezifischeren Interaktionen mit der Welt: *wie* und *was* wir wahrnehmen, erleben, fühlen, denken oder planen. Um die große Vielfalt existenzieller Gefühle in ihrer Unterschiedlichkeit besser erfassen zu können, erscheint es mir sinnvoll, sie in *elementare* und *nicht-elementare* existenzielle Gefühle zu unterteilen.

Die meisten elementaren existenziellen Gefühle bleiben von uns unter normalen Umständen unbemerkt. Sie befinden sich im Hintergrund unseres affektiven Lebens und geben den Personen, mit denen wir interagieren, den Vorkommnissen in der Welt und uns selbst das im Normalfall selbstverständliche Gefühl von Realität. Wir zweifeln nicht daran, dass es uns, unsere Freunde und unsere Wohnung wirklich gibt. Solche Gefühle und die mit ihnen einhergehenden alltäglichen Vertrautheiten können sich jedoch verändern. Sie ändern sich in besonderer Weise in verschiedenen Psychopathologien, in denen das übliche Realitätsgefühl verloren geht: So werden zum Beispiel in der ↗ Capgras-Störung gerade diejenigen Personen, denen man am nächsten steht, als unecht und durch Doppelgänger ersetzt erlebt – die gewohnten Gefühle der Vertrautheit stellen sich nicht mehr ein. In der ↗ Cotard-Störung und auch in der ↗ Depersonalisationsstörung wird hingegen die eigene Person nicht mehr in der vormals vertrauten Weise als real empfunden: Patienten erleben sich als affektlos, wie Puppen in einer Theateraufführung; im schlimmsten Fall erscheint es ihnen, als wären sie bereits tot. In ↗ Schizophrenien und in der ↗ Derealisationsstörung ist dagegen der Bezug zur Wirklichkeit, die Realität der Welt als Ganzer, zutiefst erschüttert. In schweren Depressionen verflüchtigt sich das Gefühl, einen unmittelbaren Zugriff auf die Geschehnisse in der Welt zu haben, als säße man unter einer Glasglocke und betrachte von dort die Geschehnisse. Damit kann auch das Gefühl, selbst als Akteur in einer Welt voller Möglichkeiten zu agieren, nahezu vollständig verloren gehen. Für diejenigen, die diesen Veränderungen ausgesetzt sind, verschiebt sich der gesamte Rahmen des Erlebens auf dramatische Weise: die Innen- und Außenwelt, die Gefühle und die eigenen Handlungsoptionen erscheinen in einem anderen, meist irrealen Licht.

Dagegen können sich die nicht-elementaren existenziellen Gefühle verändern, ohne dass damit Störungen der psychischen Befindlichkeit einhergehen. Aber auch sie strukturieren im Hintergrund den Raum unserer Handlungsmöglichkeiten. Sie umfassen Gefühle, die beispielsweise die eigene Vitalität betreffen oder den eigenen Status im Hinblick auf andere Personen des sozialen Umfelds offenbaren. So macht es für Ihr Handeln und Ihren Umgang mit anderen Menschen einen großen Unterschied, ob Sie sich gesund und stark fühlen oder erschöpft und schwach. Ebenso werden Sie anders auftreten, wenn Sie sich von anderen Menschen grundsätzlich willkommen und respektiert fühlen oder abgelehnt und zurückgewiesen. Existenzielle Gefühle geben auch unserer Beziehung zu Vorkommnissen in der Welt ganz allgemein Orientierung. Wer sich an seinem Platz und in der Mitte des Geschehens fühlt, tritt anders auf als jemand, der sich nicht dazu gehörig, wie ein Fremder oder nicht als Teil dieser Welt fühlt. Erfahrungen, die zu solchen existenziellen Gefühlen beitragen, tangieren zugleich die tiefste Schicht unserer Stimmungen und tragen damit auch zu unserer Grundbefindlichkeit bei.

Existenzielle Hintergrundgefühle sind wichtige Faktoren für unsere affektive Dynamik. Sie beeinflussen auf subtile Weise, wie wir uns in spezifischen Situationen fühlen und in diesen handeln. Obwohl sie im Unterschied zu Emotionen selbst nicht auf spezifische Vorkommnisse in unserem Leben bezogen sind, bereiten sie den allgemeinen affektiven Boden, auf dem sich alle ereignisfokussierten emotionalen Reaktionen entfalten. Insofern sie im Hintergrund Situationen eines bestimmten Typs (z. B. Interaktionen mit anderen Menschen) strukturieren, haben sie einen spezifischeren Bezug zu Vorkommnissen in der Welt als

Stimmungen, die alles, was uns begegnet, gleichermaßen färben. Spezifische affektive Interaktionen und Erfahrungen können unsere Hintergrundaffektivität ihrerseits jedoch nachhaltig beeinflussen.

Nachdem wir uns einen Überblick darüber verschafft haben, was Emotionen, Passionen, Stimmungen und existenzielle Gefühle ausmacht und wie sie sich voneinander unterscheiden, können wir nun zur Ausgangsfrage zurückkehren, ob wir unseren Gefühlen trauen können. Es gibt allerdings mehrere Optionen, wie diese Frage genau verstanden werden kann.

# 3

# Zur Vertrauenswürdigkeit unserer Gefühle

Wie bereits im Eingangskapitel erwähnt, können wir drei Lesarten der Frage, ob wir unseren Gefühlen trauen können, unterscheiden. Die erste Option ist damit befasst, wie gut wir in der Regel unsere Gefühle kennen. Können wir darauf vertrauen, dass wir einen verlässlichen Zugang zu unseren Gefühlen haben und wissen, welche affektiven Prozesse in uns ablaufen? Die zweite Option geht der Frage nach, ob wir darauf vertrauen können, dass wir die Gefühle haben, die wir tatsächlich in diesen Situationen als unsere Gefühle akzeptieren wollen. Das ist weniger eine Frage danach, ob wir diese Gefühle haben möchten – viele negative Gefühle möchten wir lieber nicht haben, auch wenn sie uns zeigen, wie es um uns steht. Es gibt aber Gefühle, die sich spontan in uns entwickeln, mit denen wir uns aber nicht anfreunden können, in dem Sinne, dass wir nicht eine Person sein wollen, die auf bestimmte Situationen mit solchen Gefühlen reagiert. Und schließlich wollen wir prüfen, inwiefern wir darauf vertrauen können, dass uns unsere Gefühle gut darüber informieren, wie es um uns in der Welt steht.



A. Stephan, *Gefühle – können wir ihnen trauen?*, #philosophieorientiert,
https://doi.org/10.1007/978-3-662-73285-4_3

## 3.1 Option #1: Die Frage nach dem Zugang zu unserer Gefühlswelt

Die erste Option, wie die Frage, ob wir unseren Gefühlen trauen können, verstanden werden kann, zielt darauf ab, ob wir unsere Gefühle, unsere Emotionen, in der Regel präzise wahrnehmen: Sind wir uns über unsere Gefühle im Klaren? Können wir darauf vertrauen, dass wir stets spüren und mitteilen können, welche Gefühle wir haben, welche affektiven Prozesse wir durchlaufen? Das sind Fragen nach der Zugänglichkeit unserer Gefühle.

Die meisten Menschen kennen ihre Gefühle in vielen Situationen recht gut. Sie können sagen, in welcher Stimmung sie sind, welcher Passion sie nachgehen und welche Emotion sie haben – ein wichtiger Baustein emotionaler Intelligenz, der auch dazu beiträgt, die Gefühle anderer einschätzen zu können. Diese Fähigkeit ist aber durchaus unterschiedlich stark ausgeprägt; einige können besonders gut und auch sehr feinkörnig angeben, was sie emotional erleben, während andere vielleicht nur grob sagen können, was sie gerade fühlen. Die Fähigkeit, die eigene Gefühlslage sehr differenziert wahrnehmen und kommunizieren zu können, hängt dabei auch davon ab, welche sprachlichen Werkzeuge, welches Begriffsrepertoire zur Verfügung steht. So mag eine Person sehr präzise angeben können, ob sie sich niedergeschlagen fühlt, elend, gelangweilt oder müde, während eine andere nur sagen kann, dass es ihr schlecht geht. Ein transparenter Zugang zur eigenen Befindlichkeit zeigt sich auch noch auf andere Weise. So macht es einen Unterschied, ob ein Patient, der einen Arzt aufsucht, weil er sich extrem gestresst fühlt, dazu noch weitere Auskünfte geben kann, oder nicht. Während der eine diesem Befund nichts weiter hinzuzufügen weiß, mag ein anderer Faktoren angeben können, die für die genauere Bestimmung des Gefühlszustands relevant sein könnten: dass die Belastung am

Arbeitsplatz über Wochen zu hoch war, dass er sich von seinen Kollegen zu wenig akzeptiert fühlt oder dass er schon länger vergeblich versucht hat, seine Arbeitszeit auf 70 % zu reduzieren, um mehr Zeit für seine Familie zu haben. Die Neuropsychologin Lisa Feldman Barrett hat für die Fähigkeit, die eigene Gefühlslage mehr oder weniger präzise bestimmen zu können, den Begriff ↗ *emotionale Granularität* vorgeschlagen. Ist diese stark ausgeprägt, so hat dies in der Regel positive Auswirkungen für die Individuen, z. B. durch eine größere Resilienz in schwierigen Lebenssituationen. Eine sehr niedrige Granularität korreliert hingegen häufig mit verschiedenen Formen von Psychopathologien (wie z. B. schweren Depressionen, ↗Affektstörungen oder ↗Borderline-Persönlichkeitsstörungen).

Aber nicht alle Menschen sind in der Lage, ihre eigenen Gefühle überhaupt als solche zu erfassen. Aus klinischer Sicht sind Patienten bekannt, die ihre Gefühle nicht benennen können. Der Fachausdruck für ihre Gefühlsblindheit, ↗ *Alexithymie* (ins Deutsche übertragen: „keine Worte für Gefühle"), wurde in den frühen 1970er Jahren von den Psychiatern Peter Emanuel Sifneos und John Case Nemiah geprägt und bezeichnet ein Persönlichkeitsmerkmal, das sowohl angeboren als auch durch traumatische frühe Erfahrungen erworben sein kann. Die Betroffenen haben unter anderem Schwierigkeiten bei der Identifizierung von Gefühlen sowie bei der Unterscheidung zwischen Gefühlen und körperlichen Empfindungen, die mit emotionaler Aktivität einhergehen, wobei sie die körperlichen Gefühle im Unterschied zu den emotionalen in der Regel gut beschreiben können. Die Neurologin Tania Singer charakterisierte das Phänomen in einem Interview wie folgt:

> „Leute, die das sehr stark haben, können ihre Gefühle nicht verstehen, die sind total ärgerlich, haben einen roten Kopf und geballte [Fäuste] und wissen aber nicht, was sie fühlen.

Und wenn man sie fragt ‚Was ist das: Ist das Ärger? Ist das Angst?', dann sagen sie, ‚Ich weiß, da passiert etwas in meinem Körper, aber ich habe keine Ahnung, was das ist'." (Singer, zitiert in Hubert 2008)

Darüber hinaus scheinen einige Menschen bestimmte Gefühle gar nicht zu spüren. In psychoanalytischen Diskursen wird in solchen Fällen meistens von unbewussten Gefühlen gesprochen, zum Beispiel von unbewusster Scham, unbewusster Angst oder unbewusster Aggression. Von Ulrich Moser beispielsweise stammen die folgenden Zeilen:

„Affekte [wie Ärger, Zorn, Wut, Hass, etc.] werden in derselben Weise wie Angst als innere Signale verwendet – immer vorausgesetzt, das affektive Erleben hat überhaupt den Entwicklungsstand eines inneren Meldesystems (Signalsystems) erreicht. Bei vielen neurotischen Entwicklungen [...] ist das aggressive Meldesystem ganz verkümmert oder schlecht ausgebildet. Es sind dies Patienten, die ihre aggressiven Impulse nicht spüren, sie infolgedessen auch nicht erkennen und in einen situativen Kontext einordnen können. Entweder zeigen sie aggressives Verhalten und bemerken es nicht (und vermögen es auch nachträglich nicht als solches zu sehen), oder sie reagieren auf Aggression auslösende Umweltstimuli mit einer emotionalen Aktivierung, analysieren sie andersartig und interpretieren sie z. B. als Angstsignale." (Moser 1978, 236)

Welche Auswirkungen das haben kann, wird an einem Fall deutlich, den der Psychiater und Begründer der Katathym-Imaginativen Psychotherapie Hanscarl Leuner am Beispiel eines Herzneurotikers beschreibt. Sein Patient spürte seine aggressiven Impulse nicht, er handelte weder aggressiv, noch deutete er die Situation auf andere Weise. Stattdessen reagierte er mit einer psychosomatischen Erkrankung, einer

Herzneurose, auf eine Situation, die bei Gesunden geeignet gewesen wäre, heftige Aggressionen auszulösen. Erklärt werden Erkrankungen dieser Art damit, dass der „Körper" eigentlich adäquat auf die Situation reagiert, die normalerweise z. B. aggressives Verhalten rechtfertigen würde. Da der aggressive Impuls nicht gespürt wird, ein ↗phänomenales Erleben des Zornes als Zorn (oder der Wut als Wut) nicht vorhanden ist, werde keine adäquate Handlung eingeleitet, die körperliche Erregung persistiere jedoch und könne dadurch zu dauerhaften Erkrankungen führen. Das oben eingeführte Komponentenprozess-Modell Klaus Scherers gibt uns einen Hinweis darauf, was in den beschriebenen Fällen zu passieren scheint: Während die Appraisal-Komponente die neurophysiologische (und vielleicht auch die expressive) Komponente zu aktivieren scheint, bleiben die motivationale und die Gefühlskomponente inaktiv. Der Betroffene spürt weder eine spezifische emotionale Regung noch eine Handlungstendenz.

Aber auch Personen, die unter normalen Umständen ihre Gefühle präzise wahrnehmen und benennen können, mögen in außergewöhnlichen Situationen nicht imstande sein, ihre Gefühle richtig einzuordnen oder diese überhaupt zu spüren. So können traumatische Erfahrungen zu vorübergehender Gefühllosigkeit oder ↗emotionaler Erstarrung führen, in denen die Betroffenen zwar weiterhin wahrnehmen, denken und handeln, von ihren Gefühlen aber wie abgeschnitten – dissoziiert – sind. In ungünstigen Fällen wird aus einer solchen Schutzreaktion ein Dauerzustand, der schwerwiegende psychische Probleme nach sich ziehen kann. Eva Weber-Guskar hat darüber hinaus einige Fälle näher untersucht, in denen sich Betroffene zwar bewusst sein können, dass sie etwas fühlen, aber nicht angeben können, um welche Emotionen es sich genauer handelt. Sie charakterisiert diese merkwürdigen Befindlichkeiten als

↗ *Gefühlschaos* bzw. als ↗ *Gefühlsvagheit* und illustriert diese mit Hilfe fiktiver Szenarien. So möge man sich vorstellen, man erhalte von einem früheren Lebensgefährten, von dem man sich nach durchaus guten gemeinsam Jahren in einem heftigen Streit getrennt hat, nach langer Zeit der Kontaktlosigkeit unvermittelt einen Heiratsantrag. Wissend, dass der andere einen solchen Antrag nicht aus Spaß stellen würde, und in einer privat eher labilen Situation befindlich ohne feste Partnerschaft, könnten in einer solchen Situation sehr widerstreitende Gefühle gleichzeitig aufflammen – oder ein Gefühlschaos entstehen. Weber-Guskar imaginiert, wie Sie verwirrt auf den Brief starren könnten, spüren, wie Ihr Herz schneller schlägt, zum Telefon greifen wollen und dann doch nicht anrufen, in Lachen und Tränen ausbrechen, und ähnliches mehr. Würden Sie gefragt: „Was ist mit dir, freust du dich oder ärgerst du dich oder was?", dann könnten Sie einfach nur sagen: „Ich weiß es nicht." (Weber-Guskar 2009, 106–107).

Eine andere Form der Verständnislosigkeit gegenüber eigenen Gefühlen mag sich nicht als Gefühlschaos, sondern mehr als Gefühlsvagheit äußern. So mag man durch neue Aufgaben und Verantwortlichkeiten, die sich im Beruf ergeben haben, etwas aufgewühlt sein, ohne angeben zu können, um welche Gefühle es sich genau handelt – ist es Stolz, die Aufgaben übertragen zu bekommen, oder ist es Furcht, dabei zu versagen? Oder ist es etwas ganz anderes, was gefühlsmäßig vorliegt? Weber-Guskar spricht in diesen Fällen von Prä-Emotionen, da Emotionen ihrer Meinung nach erst dann vorliegen, wenn die Unübersichtlichkeit und Undeutlichkeit der Gefühle beseitigt ist und sie einen klaren Bezug haben, der sie uns verständlich macht. In anderen Diskursen, wie z. B. den Kulturwissenschaften, wird für diese noch unbestimmten Gefühlsregungen häufig der Ausdruck ‚Affekt' gewählt. Anders als Emotionen sind ↗ Affekte kulturell nicht kategorisiert, und können daher nicht in reflektierter Weise benannt werden. Sie mögen sich *gefühlt* als *Unterschied* manifestieren, zum Beispiel, wenn Individuen, die neu in eine andere Kultur gekommen sind, spüren, dass sie mit den impliziten Codes sozialer Gemeinschaften nicht vertraut sind, und sich daher unsicher in ihrem Kommunikationsverhalten fühlen.

Im Folgenden werden wir uns erst ab Kap. 4 erneut mit der ersten Option beschäftigen, betrachten wir die zweite.

## 3.2 Option #2: Die Frage nach der Authentizität unserer Gefühle

Die zweite Option setzt eine positive Antwort auf die erste Frage voraus, das heißt, wir nehmen wahr, welche Emotionen uns erregen und können diese auch einordnen. Fraglich ist jedoch, ob wir darauf vertrauen können, dass wir (immer) die Emotionen haben, die wir haben möchten – gegeben die Werte und Normen, die wir für unser Leben akzeptieren. Wie bereits oben erwähnt, ist das weniger eine Frage danach, ob wir unsere Gefühle haben wollen, denn viele negative Gefühle – wie zum Beispiel Furcht, Hoffnungslosigkeit oder Trauer – wollen wir lieber nicht haben. Es ist eine Frage danach, ob wir die Gefühle, die wir spontan in einer Situation erleben, auch wirklich als Teil unserer selbst akzeptieren können, ob wir also eine Person sein wollen, die auf bestimmte Situationen mit genau solchen Gefühlen reagiert. Betrachten wir auch dazu ein Beispiel.

In seinem Buch *True Emotions* (2014, 75) diskutiert Mikko Salmela (im Anschluss an Ronald de Sousa) das Beispiel eines Homosexuellen, der sich seiner besten Freundin offenbart:

> „Deren Reaktion ist spontan und heftig. Sie bekundet Abscheu, Enttäuschung und Zorn und geht schließlich weg, ohne darüber auch nur sprechen zu wollen. Am nächsten Abend ruft sie ihn an und entschuldigt sich für ihre unvernünftige, unfreundliche und vorurteilsvolle Reaktion. Sie versichert ihm, dass sie seine sexuellen Vorlieben rückhaltlos akzeptiert, die ihre Freundschaft in keiner Weise beeinträchtigen müssen" (de Sousa 1997, 37–38; vom Verf. an Salmelas Textpassage angepasste Übersetzung)

Konnte – in diesem Beispiel – die Freundin ihrer ersten emotionalen Reaktion trauen? Tat sie es? Ihre emotionale Reaktion war – in Salmelas Worten – „echt" und „aufrichtig", aber es war nicht das, wovon sie nach längerem Nachdenken überzeugt war, was sie fühlen sollte. Vielleicht bemerkte sie, dass ihre unreflektierte erste Reaktion auf ihre Erziehung zurückging, deren Engstirnigkeit sie noch nicht hinter sich hatte lassen können. Ist somit die korrigierte (regulierte) emotionale Reaktion (nach einer Neubewertung der Mitteilung des Freundes) vertrauenswürdiger? Diese Reaktion scheint mit den Normen und Werten, die sie inzwischen für richtig hält, übereinzustimmen, demnach kann jene – in Salmelas Worten – als „authentisch" angesehen werden.

Möglicherweise haben Sie ähnliche Erfahrungen gemacht, vielleicht im Hinblick auf andere Ereignisse, bei denen Sie spontan auf kritische Weise emotional reagiert haben und im Anschluss dann bedauerten, dass dies Ihre Reaktion war: Vielleicht eine skeptische oder gar Unverständnis signalisierende Reaktion, nachdem Ihre Tochter freudig mitgeteilt hat, dass sie ein Kind erwartet. Die Reaktion mag darauf basieren, dass Sie – in Ihren Augen – selbst viel zu früh Kinder bekamen, was Ihnen die Möglichkeit nahm, Ihren Beruf weiter auszuüben, fremde Länder zu bereisen und sich weiterzuentwickeln. – Während Sie etwas innehalten und sich die Situation Ihrer Tochter vor Augen führen, mögen Sie bemerken, dass sie fast zehn Jahre älter ist als Sie damals waren, zahlreiche fremde Kulturen kennengelernt und studiert hat, also nun genau in der richtigen Lebensphase ist, um selbst eine Familie zu gründen. Langsam legt sich die Skepsis und echte Mitfreude kann an ihre Stelle treten.

Solche Gefühlswechsel, bei denen die erste Reaktion zwar aufrichtig, aber nicht authentisch ist, entstehen durch Neubewertungen, die die synchronisierten Abläufe nach einer spontanen emotionalen Einschätzung allmählich ausklingen lassen, denn einmal begonnene neurophysiologische Abläufe lassen sich durch eine Neubewertung nicht schlagartig beenden. Die spontanen ersten Reaktionen basieren in der Regel auf Normen und Wertvorstellungen, die wir seit unserer Kindheit erworben haben, die aber durch spätere Erfahrungen noch modifiziert werden können. Allerdings ist es schwierig, tief verankerte Wertvorstellungen einfach zu überschreiben. Sie können unsere Wahrnehmung und spontanen Reaktionen zum Teil auch dann noch prägen, wenn wir in einem späteren Lebensalter längst zu anderen Einschätzungen und Urteilen gelangt sind.

Es kann aber auch der entgegengesetzte Fall eintreten. Sie mögen in Bezug auf eine soziale Konstellation die Tendenz zu einer emotionalen Reaktion spüren, aber die Gefühlsregeln, die Sie verinnerlicht haben, bremsen Sie, Ihren Emotionen nachzugeben. Jene „sagen" ihnen, dass ihre emotionale Reaktion nicht angebracht ist. Wenn Sie in der Folge jedoch mehr und mehr spüren, dass Sie emotional reagieren sollten, um sich weiterhin guten Gewissens in die Augen sehen zu können, müssten Sie auch in diesem Fall Ihre früher erworbenen Gefühlsregeln modifizieren, um authentisch zu fühlen. Nur wäre hier die sich mit Nachdruck einstellende spontane emotionale Reaktion die authentische und nicht die durch eine Neubewertung korrigierte und damit unterbliebene.

Versetzen wir uns in die Situation einer Frau, die von ihrem gutverdienenden Ehemann ein monatliches Taschengeld für die täglichen Besorgungen erhält, statt freien Zugang zu einem gemeinsamen Konto zu haben. Verspürt sie über diese Konstellation Groll und Unzufriedenheit statt Dankbarkeit, mag sie – in einem Zuge ↗ adaptiver Präferenz – versucht sein, ihre negativen Gefühle als unbillig abzutun, da sie nicht in die Lebensform passen, die sie in ihrem eigenen Elternhaus und bei einigen Bekannten kennengelernt hat. Wenn sie ihren Gefühlen gegenüber jedoch aufmerksam ist, vielleicht auch mit Freundinnen über ihre Situation austauscht und merkt, dass es durchaus ebenbürtige Formen des gemeinsamen Geldverwaltens gibt, kann es sein, dass ihre widerspenstigen Gefühle keine Ruhe mehr geben, bis sie diese auch in ihrer Partnerschaft zum Ausdruck und zur Sprache bringt und damit den Grundstein für eine mögliche Veränderung legt. In diesem Fall sind die wiederkehrenden unkorrigierten Gefühle die authentischen. Mit Alison Jagger lassen sich solche Emotionen, die sich vor allem bei gesellschaftlich „in der zweiten Reihe" stehenden Menschen zeigen, als „geächtete Emotionen" (↗ *outlaw emotions*) charakterisieren. Es handelt sich dabei um emotionale Reaktionen, die in einer vorherrschenden Kultur und nach althergebrachten Ansichten als inakzeptabel gelten und ein Beispiel für ↗ affektive Ungerechtigkeit darstellen. Diejenigen, die es schaffen, sich solche Gefühle zu erlauben, erleben die Emotionen, die sie voll und ganz als Teil ihrer selbst akzeptieren können, insofern sie eine Person sein wollen, die auf Vorkommnisse in der Welt mit genau solchen Gefühlen reagiert, und verhelfen damit authentischen Gefühlen zum Durchbruch.

Bezüglich einer Einschätzung durch Dritte wirft die Frage nach authentischen Emotionen durchaus ähnliche

Schwierigkeiten auf wie die Frage danach, ob eine andere Person Hunger oder Durst hat. Die Normen und Werte, die jemand akzeptiert, sind nicht immer transparent (und für andere zugänglich); im Falle von geächteten Emotionen mitunter noch nicht einmal den emotional Reagierenden. Wenn wir jemanden gut kennen, mögen wir sagen können, ob deren emotionale Reaktion im Einklang mit ihren Werten steht. Wenn wir die andere Person nicht kennen, haben wir nur Kenntnis von der emotionalen Reaktion selbst. Wir können dem, was die Reaktion über die Werte der Person mitteilt, zustimmen oder nicht zustimmen, aber wir wissen nicht, ob die Person selbst in Übereinstimmung mit ihren Werten fühlt.

Nun ist es eine Sache, ob wir darauf vertrauen können, dass unsere Emotionen im Einklang mit unseren Werten und Normen stehen. Es ist eine andere Sache, ob wir darauf vertrauen können, dass unsere emotionalen Reaktionen zu den sie auslösenden Ereignissen und Situationen passen. Damit kommen wir zu Option 3.

## 3.3 Option #3: Die Frage nach der situativen Angemessenheit unserer Gefühle

Die letzte Lesart der Frage nach der Vertrauenswürdigkeit unserer Gefühle, mit der wir uns befassen wollen, zielt darauf ab, ob wir darauf vertrauen können, dass uns unsere Gefühle *angemessen* über die Welt und uns informieren. Ihre Beantwortung setzt einen kleinen Exkurs zu der Frage voraus, wann eine emotionale Reaktion als angemessen angesehen werden kann. Nachdem wir uns im zweiten Kapitel einen Überblick darüber verschafft haben, was Emotionen, Passionen, Stimmungen und existenzielle Gefühle ausmacht und wie sie sich voneinander unterscheiden, sollten wir nun Klarheit darüber gewinnen, wann und in welcher Hinsicht es angemessen ist, solche Gefühle zu haben. Denn davon hängt unsere Einschätzung ab, ob wir unseren Gefühlen (nach der dritten Lesart) trauen können.

Die Frage nach der situativen ↗Angemessenheit von Gefühlen gilt hauptsächlich den Emotionen. Denn diese informieren uns über Veränderungen in der Welt, die uns etwas angehen. Stimmungen haben dagegen keinen konkreten Weltbezug und können daher nicht in gleicher Weise angemessen oder unangemessen sein. Sie geben wieder, wie es um uns steht: Ob wir niedergeschlagen, euphorisch, zufrieden, ängstlich oder aggressiv gestimmt sind. Allerdings können wir mitunter nachvollziehen, weshalb Menschen angesichts ihrer Lebenssituation auf bestimmte Weise gestimmt sind. So mag eine sich nach einer Reihe von Schicksalsschlägen einstellende Niedergeschlagenheit durchaus als angemessen gelten; und dennoch erschiene es nicht als befremdlich, wenn die betroffene Person (vielleicht aufgrund ihrer religiösen Prägung) dennoch hoffnungsvoll in die Zukunft schaute oder nach einem bewältigten Marathonlauf sogar für eine Weile euphorisch gestimmt wäre. Stimmungen sind daher in der Regel keine beispielgebenden Kandidaten für Angemessenheitsfragen. Sie können jedoch, wie wir in einem der nachfolgenden Fallbeispiele sehen werden, dazu beitragen, dass wir emotional unangemessen reagieren. Halten negative Stimmungen, in denen wir uns unwohl fühlen und die wir nicht haben wollen, zu lange an, mögen wir uns entschließen, therapeutische Hilfe einzuholen, um aus solchen Stimmungstälern wieder herauszukommen. Aber das ist keine Frage nach der Angemessenheit von Stimmungen.

Aus wiederum anderen Gründen ist es ebenfalls schwierig, nach der Angemessenheit von Passionen zu fragen. Als affektive Anliegen verleihen sie unseren daraus resultierenden emotionalen Reaktionen eine dauerhafte Ausrichtung. Bei vielen Leidenschaften (wie der für einen Partner oder der für klassische Musik) stellt sich nicht die Frage nach ihrer Angemessenheit, es handelt sich um die Wahl einer bestimmten Lebensform. Diese ist jedoch kritikwürdig, wenn sie (vor allem im gesellschaftlich-politischen Bereich) durch ein möglicherweise fragwürdiges Werte- und Normensystem systematisch unsere Wahrnehmung verzerrt und zu unangemessenen emotionalen Reaktionen führt.

Existenzielle Gefühle sind hingegen offen für Fragen nach ihrer Angemessenheit. Obwohl sie keinen konkreten Weltbezug haben, können sie uns auf generelle Weise inadäquat in der Welt situieren.

### 3.3.1 Exkurs: Zur Angemessenheit von Emotionen bzw. affektiven Gefühlen

Ausgehend von dem eingangs entwickelten Grundverständnis von Emotionen (und Passionen und Stimmungen) zeigt sich, dass das emotionale Erleben einen sehr viel komplexeren Weltbezug aufweist als etwa Hunger- oder Schmerzgefühle. Emotionen geben nicht nur Auskunft darüber, wie es um uns in einer spezifischen Situation bestellt ist, sondern präsentieren zugleich die äußere (manchmal auch innere) Welt auf eine bestimmte Weise – als gefährlich, als großartig, als von uns beherrschbar, und auf vielerlei andere Weise. Dabei berücksichtigen sie in der Regel auch die uns zur Verfügung stehenden Handlungsoptionen und aktivieren zugleich passende Handlungsbereitschaften. Daraus ergibt sich, dass die Frage „Können wir unseren emotionalen Gefühlen trauen?“ differenzierter zu diskutieren ist als die analoge Frage nach unseren Schmerz- und Hungergefühlen. Sie berührt ein ganzes Geflecht an unterschiedlichen, aber doch miteinander zusammenhängenden Faktoren.

In der analytischen Tradition der Philosophie der Emotionen ist es üblich, die Frage nach der Angemessenheit einer emotionalen Reaktion weiter zu differenzieren. So kann der Alltagsbegriff der Angemessenheit mindestens auf viererlei Weise verstanden werden: (1) moralisch, (2) prudenziell, d. h. im wohlverstandenen Eigeninteresse, (3) epistemisch, d. h. im Hinblick auf die zur Verfügung stehenden Informationen, und (4) im Hinblick auf Korrektheit.

Die meisten Autorinnen und Autoren, die sich mit Angemessenheitsfragen bezüglich emotionaler Reaktionen befassen, halten die Spielart der *Korrektheit* (im engl. *fittingness*) für die zentrale: Erfasst die emotionale Reaktion die (evaluativen) Merkmale einer Situation, eines Ereignisses oder einer Person, auf die sie sich bezieht, zutreffend? Mit anderen Worten: Empfinden wir Trauer, wenn wir eine für uns wichtige Person oder einen für uns wertvollen Gegenstand verloren haben? Und ist diese Trauer größer, je nahestehender die betreffende Person oder je wertvoller der verlorene Gegenstand für uns war? Empfinden wir Furcht, wenn uns eine Gefahr droht? Und umgekehrt: Befinden wir uns tatsächlich in einer gefährlichen Situation, wenn wir Furcht empfinden? Ärgern wir uns, wenn die Dinge nicht in unserem Sinn verlaufen. Und so fort. Wenn die emotionalen Reaktionen auf die gerade geschilderte Weise zu den Vorgängen in der Welt passen, dann werden sie „korrekt" genannt, oder „passend". Hingegen wären Gefühle der Freude bei einem schweren Verlust oder Ärger bei der Überreichung eines Preises unpassend.

Nun gibt es einige Fälle, bei denen eine emotionale Reaktion in diesem Sinne korrekt sein oder passen kann, aber moralisch unangemessen ist. Wir könnten auf die Erzählung eines Witzes in schallendes Gelächter ausbrechen, weil die Pointe des Witzes perfekt saß, aber dann bemerken, dass uns das Lachen im Halse besser hätte steckenbleiben sollen, da der Witz zu Lasten anderer Menschen gemacht wurde, die durch ihn auf üble Weise diskriminiert werden. Zu lachen wäre dann *moralisch* unangemessen. Eine andere Divergenz kann zwischen der Angemessenheit im Sinne der Korrektheit und der im ↗epistemischen Sinne vorliegen: Stellen Sie sich vor, ein lieber Angehöriger musste zu einer Knie-Operation ins Krankenhaus eingeliefert werden, einen Tag später erhalten Sie einen Anruf vom Stationsarzt, der Ihnen mitteilt, sie müssten mit dem Schlimmsten rechnen und sollten möglichst umgehend zur Klinik kommen. Ihr Herz rast, Sie sind voller Sorge, fast verzweifelt, denn bis auf die Knieprobleme war Ihr Angehöriger scheinbar bester Gesundheit. Sie erreichen zutiefst beunruhigt das Krankenzimmer, öffnen vorsichtig die Tür und stellen voller Überraschung und zu Ihrer großen Freude fest, dass es Ihrem Angehörigen offensichtlich gut geht, er hat die Operation sehr gut überstanden. Wie sich auf Ihre Nachfrage herausstellt, hatte der Arzt zwei Patienten miteinander verwechselt und Sie aus Versehen angerufen. Angesichts der wirklichen Befindlichkeit Ihres Angehörigen waren Ihre Sorgen, Ihre Verzweiflung nicht passend, zum Glück war die Situation anders und sehr viel besser als Ihre emotionale Reaktion zum Ausdruck brachte. Dennoch hatten Sie gute Gründe für Ihre Besorgnis. Normalerweise können wir den Auskünften trauen, die wir durch das Klinikpersonal erhalten. Die emotionalen Reaktionen waren daher zwar nicht korrekt, aber epistemisch angemessen. Und schließlich gibt es Situationen, in denen eine an sich passende emotionale Reaktion nicht im wohlverstandenen Eigeninteresse der emotional reagierenden Person ist: Zum Beispiel kann der Angstschweiß, der mit einer überaus passenden Furchtreaktion einhergeht, die ein freilaufender und aggressiv wirkender Hund ausgelöst hat, dessen Angriffsverhalten noch verstärken. Es wäre im prudenziellen Sinne gut, keine

Furcht zu empfinden, auch wenn das sehr schwierig sein dürfte.

### 3.3.2 Fallbeispiele

Im Folgenden kehren wir nun zurück zu unserer Ausgangsfrage, ob wir unseren Gefühlen trauen dürfen. Vorab möchte ich betonen, dass uns unsere Emotionen in vielen Fällen gut über Ereignisse in der Welt informieren. Furcht warnt uns angemessen vor Gefahren, wenn sich beispielsweise ein gefährliches Tier nähert, drei pöbelnde Gestalten uns auf einer wenige beleuchteten Straße entgegenkommen oder eine glatte Straße nicht gestreut wurde. Auch wenn es kein angenehmes Gefühl ist, empfinden wir zu Recht Scham, wenn wir gegen eine soziale Norm verstoßen haben, die wir selbst für beachtenswert halten. Ebenso ist unser Ärger zutreffend, wenn sich ein Handwerkerbetrieb an keine der Terminabsprachen hält. Unsere Ekelgefühle sind passend, wenn beispielsweise eine Speise verdorben oder ein Gefäß, aus dem wir trinken sollen, schmutzig ist. Freude empfinden wir dann zu Recht, wenn sich die Dinge so entwickeln, wie wir es uns gewünscht haben. In allen diesen und vielen anderen Fällen dürfen wir unseren Emotionen vertrauen, da sie uns in der Regel korrekt über die Welt informieren. Dennoch gibt es einige Situationen, in denen wir besser etwas skeptisch gegenüber unseren Gefühlen sein sollten, und auf diese möchte ich im Folgenden aufmerksam machen. Dazu betrachten wir sieben Fälle, in denen es zumindest fragwürdig ist, ob die von uns empfundenen Gefühle die Welt so präsentieren, wie sie ist (z. B. in ihrer Gefährlichkeit oder in ihrer Empörungswürdigkeit). Die meisten dieser Fälle betreffen das, was wir gerade als die Korrektheit von Emotionen kennengelernt haben. Wir werden aber auch sehen, dass in einigen Fällen die anderen Angemessenheitsüberlegungen eine Rolle spielen. Und schließlich werden wir Szenarien begegnen, die aufzeigen, dass die bisher unterschiedenen Formen der Angemessenheit nicht ausreichen, alle Fälle plausibel abzudecken.

### Fall 1: Der Höhenangst erlebende Vater bei einer Hochgebirgswanderung

Betrachten wir einen Vater, der zwar unter Höhenangst leidet, aber dennoch mit seiner Familie zu einer als ‚sicher' eingestuften Hochgebirgswanderung aufbricht. Während seine Kinder frohgelaunt mit der Mutter den schmalen Pfad entlangschreiten, bringt er ab einer Stelle, die den Blick über einen Abhang ins tiefgelegene Tal erlaubt, keinen Schritt mehr vor den anderen. Er spürt sein Herz rasen, bricht in Schweiß aus, fühlt sich wie benommen und ihm wird schwindelig. Gegen seinen eigenen Wunsch muss er die Wanderung an dieser Stelle abbrechen. Seine Panik ‚sagt' ihm, dass der Weg zu steil und abschüssig ist und viel zu gefährlich. Aber ist das wirklich so? Weder seine Frau noch seine Kinder empfinden den Pfad als gefährlich, zum Abhang sind es mehrere Meter, der Weg ist nicht rutschig, eigentlich gibt es keinen Grund, besorgt zu sein. Seine Furcht oder gar Panik erscheint weder passend noch in seinem wohlverstandenen Eigeninteresse zu sein – sie ist gleich in doppelter Hinsicht unangemessen –, denn liebend gerne hätte der Vater den Weg mit seiner Familie fortgesetzt.

Phobische Reaktionen gehen folglich häufig mit Gefühlen einher, denen nicht zu trauen ist. Dennoch üben sie unerbittlich Macht über uns aus. Da aber auch die Betroffenen wissen, dass ihre Furchtattacken die Realität nicht wirklich abbilden, suchen viele von ihnen therapeutische Hilfe, nicht zuletzt, um ihre Gefühle besser in den Griff zu bekommen und sie alltagsfreundlicher werden zu lassen.

**Fall 2: Eine schlecht gestimmte Mutter**

Als nächstes begleiten wir eine Mutter, die einen harten Arbeitstag einschließlich einer heftigen Auseinandersetzung mit ihrem Vorgesetzten hatte, auf ihrem Nachhauseweg. Bei ihrer Ankunft ist sie in Gedanken noch immer bei den Vorfällen an ihrem Arbeitsplatz und in ziemlich gereizter Stimmung. Als kurz darauf ihr Kind etwas laut im Wohnzimmer spielt, reagiert sie äußerst unnachsichtig und aggressiv. Ihre Emotionen scheinen nahezulegen, dass gerade etwas sehr Ärgerliches vorgefallen ist, vielleicht dass sich ihr Kind mit Absicht ungehorsam verhalten hat. Kann sie in diesem Fall ihren Emotionen trauen? Hätte sie ebenso reagiert, wenn sie in sehr viel ausgeglichener Stimmung nach Hause gekommen wäre? Wir dürfen annehmen, dass ihr Ärger sie nicht wirklich angemessen über das Verhalten ihres Kindes informiert, denn dieses war ganz in seiner Gedankenwelt und hatte mit seinen Spielautos lediglich ein Autorennen stattfinden lassen. Sie selbst hatte aufgrund der vorangegangenen Vorkommnisse jedoch nicht mehr die Kraft, dem Spiel ihres Kindes unvoreingenommen wohlwollend zuzuschauen.

Wie wir in Abschn. 2.3 sehen konnten, ist allen Stimmungen gemeinsam, dass sie unsere Wahrnehmung von Situationen und Ereignissen in je spezifischer Weise färben und das Auslösen bestimmter, ihnen entsprechender Emotionen begünstigen. Sie stellen gewissermaßen eine Form von Emotionsbereitschaft zur Verfügung, der zufolge die Wahrscheinlichkeit für zu ihnen passende emotionale Prozesse steigt:

> „Stimmungen scheinen die Erregungsschwelle von Emotionen herabzusetzen, die am häufigsten während einer bestimmten Stimmung auftreten. Wenn eine Person beispielsweise in gereizter Stimmung ist, wird diese Person bereitwilliger ärgerlich als üblich. Ereignisse, die normalerweise

> keine Wut auslösen würden, tun dies nun leicht. In gereizter Stimmung fassen Menschen die Welt um sie herum auf eine Weise auf, die ärgerliche Reaktionen gestattet, wenn nicht einfordert.“ (Ekman 1994, 57; Übers. v. Verf.)

Aufgrund des Einflusses, den unsere Stimmungen auf unsere Emotionsbereitschaften und damit auf unsere emotionalen Reaktionen haben, sollten wir aufmerksam gegenüber uns selbst sein, wenn wir ausgesprochen *stark gestimmt* sind und dann besonders prüfen, ob die Situationen, in denen wir uns befinden, die in uns ausgelösten Gefühle wirklich nahelegen.

Eine Neubewertung der für sie stressigen Situation mag die gereizte Mutter auch dazu führen, ihre emotionale Reaktion als nicht authentisch anzusehen. Sie reagierte auf ihr Kind nicht so, wie sie sich selbst verstehen können möchte, was im Nachgang auch zu einer Bitte um Entschuldigung gegenüber ihrem Kind sowie einer Erläuterung, warum sie so gereizt nach Hause gekommen war, führen könnte.

**Fall 3: Das wiederholte Erleben einer abweisenden Atmosphäre**

Stellen wir uns in einem weiteren Beispiel vor, eine Person ist in einem Auswahlverfahren zur Besetzung einer Professur in die Schlussrunde gekommen und zu einem wissenschaftlichen Vortrag mit anschließender Aussprache eingeladen. Nun kann es vorkommen, dass der Kandidat den Eindruck hat, dass er gar nicht erst hätte anreisen müssen: Er erlebt die Atmosphäre von Beginn an als zurückweisend, wenig offen, gar eisig und fühlt sich unverstanden. Nach der aus seiner Sicht äußerst unglücklich verlaufenen Vorstellungsrunde hat er Gelegenheit, sich mit einer Bekannten über den Verlauf auszutauschen, die ebenfalls anwesend war. Diese berichtet, dass sie die Atmosphäre keineswegs als zurückweisend erlebt habe, ganz im

Gegenteil, viele der anwesenden Kommissionsmitglieder hätten sich sehr für seine wissenschaftliche Arbeit interessiert. Es sei sehr schade, dass die Aussprache dann später einen etwas spröden Verlauf genommen habe. Der weitere Austausch bringt dann zu Tage, dass der Kandidat bei Auswahlverfahren die Atmosphäre schon öfter als eisig erlebt und den Eindruck gewonnen hatte, als Person abgelehnt zu werden. Sollte dies der Fall sein, könnte es sein, dass ihn ein nicht-elementares existenzielles Gefühl unangemessen in der Welt orientiert und er sich in sozialen Situationen als zurückgewiesen und wenig respektiert fühlt, obwohl die anderen Beteiligten sich keineswegs uninteressiert und respektlos verhalten, sondern ihn wie alle anderen Anwesenden gerne in ihrer Mitte hätten. Sollte dies der Fall sein, hätte der Betroffene allen Grund, an seinen Gefühlen, von anderen abgelehnt zu werden, zu zweifeln. Es könnte sich als hilfreich herausstellen, diesem Wahrnehmungsschema nachzuforschen und es zu korrigieren. – Das Beispiel soll natürlich nicht nahelegen, dass die gefühlte Wahrnehmung einer spezifischen Zurückweisung und Ablehnung in der Regel auf vorherrschenden existenziellen Gefühlen basiert. Häufig nehmen wir soziale Interaktionen korrekt wahr und auch andere Beteiligte können dann bestätigen, dass wir mit unserer Wahrnehmung der Situation richtig lagen.

**Fall 4: Unterschiedlich trauernde Witwen**

In den späten Sechzigerjahren gab es in England eine größere Vergleichsuntersuchung zum Verlauf von Trauerprozessen unter vierzig Witwen. Sie ergab, dass diejenigen, die nach dem Verlust ihres Mannes in ihrer sozialen Umgebung ihre aufkommenden Gefühle – darunter auch negative wie Schmerz, Ekel, Zorn und Wut – zulassen und zum Ausdruck bringen konnten, nach etwa einem Jahr wieder zurück in ihrem Leben und bei akzeptabler Gesundheit waren, während diejenigen, die eine Vielzahl von (negativen) Gefühlen entweder gar nicht erst wahrnehmen konnten oder aber unterdrückten, weil ihr soziales Umfeld nicht zuließ, dass sie diese äußerten, ihre tiefe Trauer nicht zu überwinden vermochten und zahlreiche gesundheitliche Probleme aufwiesen.

John Bowlby, ein psychoanalytisch ausgebildeter Psychiater und der Wegbereiter der Bindungstheorie, befasste sich auf der Basis dieser Ergebnisse und weiterer Berichte über Trennungs- und Verlusterfahrungen mit dem Einfluss sozialer Umgebungen auf die emotionalen Ausdrucksmöglichkeiten von Hinterbliebenen. Seines Erachtens ist es von großer Bedeutung, nach dem Verlust einer nahestehenden Person gegebenenfalls auch Gefühle von Zorn zuzulassen: „Die Häufigkeit, mit der Wut als Bestandteil normaler Trauer auftritt, ist unseres Erachtens gewöhnlich unterschätzt worden – vielleicht weil sie so fehl am Platze und so anstößig erscheint“ (2011, 110). Für Bowlby sind die

> „Sehnsucht nach dem Unmöglichen, maßlose Wut, ohnmächtige Trauer, Ekel bei der Aussicht auf Einsamkeit, Bedürfnis nach Mitgefühl und Unterstützung […] Gefühle, die ein Hinterbliebener ausdrücken und manchmal erst entdecken muss, wenn er Fortschritte machen soll. […]
>
> Doch werden alle diese Gefühle als unwürdig […] angesehen. Sie auszudrücken, mag bestenfalls demütigend erscheinen; schlimmstenfalls fordert es Kritik und Verachtung heraus. Kein Wunder, dass derartige Gefühle so oft nicht ausgedrückt werden und schließlich vielleicht im Unterbewusstsein weiterwirken“ (2011, 123).

Etwa die Hälfte der oben genannten Witwen erfuhren in ihrem Verwandten- und Bekanntenkreis keinerlei Ermutigung, nach dem Verlust ihres Ehemanns ihre Gefühle umfänglich zum Ausdruck zu bringen. Ganz im Gegenteil: Eher wurden sie angehalten, sich „zusammenzureißen“, ihre Zukunft in den Blick zu nehmen und daran zu denken, dass auch andere Menschen Verlusterfahrungen machen. Das Erleben und der Ausdruck der schmerzhaften Gefühle nach dem Verlust des Angehörigen galt in ihrem sozialen Umfeld als unpassend.

Darf eine tief trauernde Person ihren schmerzhaften und teils wuterfüllten Gefühlen dennoch trauen, auch wenn sie – bezogen auf die in der Gesellschaft akzeptierten Werte und Normen – als unangemessen gelten? Immerhin informieren sie die zurückgelassene Person über ihre facettenreiche und widersprüchlich erscheinende Befindlichkeit. Es sprechen zwei weitere Überlegungen für die Akzeptanz der aufbrechenden Gefühle: Da ihr Ausdruck offenbar eine wichtige Rolle für die psychische Gesundheit der betroffenen Person spielt, erscheint es erstens vernünftig und im wohlverstandenen Eigeninteresse zu sein, diese Emotionen zuzulassen. Sie können zumindest als angemessen im prudenziellen Sinne gelten, selbst wenn sie in der Familie als ‚unpassend‘ abgelehnt werden, nur weil sie deren (*de facto* überkommene) kulturelle Standards und Normen verletzen. Zweitens sehen wir an diesem Beispiel, dass es für ‚Passungsfragen‘ nicht immer unstrittige Standpunkte gibt. Nicht zuletzt aus medizinischen Gründen war z. B. John Bowlby im Hinblick auf die Gefühle, die sich in Trauerfällen einstellen dürfen, sehr viel offener als viele Mitglieder der englischen Gesellschaft in den 1960er Jahren.

Wir können hier beispielhaft sehen, dass anders als in manchen einfacheren Fällen (wie Furcht in gefährlichen Situationen oder Ekel beim Anblick von verdorbener Nahrung) bei einer Vielzahl von Emotionen der kulturelle Kontext vorzugeben scheint, welche Reaktion als passend gilt und welche nicht, ein Aspekt, der in vielen einschlägigen

Texten zur Angemessenheit von Gefühlen unberücksichtigt bleibt. Die Frage nach der Korrektheit von Gefühlen hat dann keine eindeutige Antwort; sie hängt in gewisser Weise von den Forderungen ab, die – im hier diskutierten Fall – die familiäre Lebensform an die trauernde Person stellt. Allerdings kann die Lebensform selbst, hier: eine Familienstruktur, die der Trauernden keine authentischen Gefühle erlaubt, kritisch hinterfragt werden.

**Fall 5. Die „Sünderin" – ein Eklat aus den Anfangsjahren der Bundesrepublik**

Um den gesellschaftlichen Einfluss auf Passungsfragen emotionaler Reaktionen noch etwas genauer herauszuarbeiten, betrachten wir exemplarisch einen Fall aus der deutschen Filmgeschichte: Heutzutage ist kaum noch nachzuvollziehen, welch' hitzige Reaktionen dem Film ↗ *Die Sünderin* und der Hauptdarstellerin Hildegard Knef entgegengebracht wurden, als dieser 1951 in die Kinos kam.

Im Zentrum des Films steht die Liebesbeziehung zwischen der in schwierigen Verhältnissen aufgewachsenen Marina (Hildegard Knef), die sich in den Nachkriegsjahren als Prostituierte durchschlägt, bis sie den Künstler Alexander (Gustav Fröhlich) kennenlernt, sich in ihn verliebt und bei sich zu Hause aufnimmt. Sie erfährt von ihm, dass er an einem Gehirntumor leidet und nicht mehr lange zu leben habe. Um dem finanziell nicht gut gestellten Alexander eine Operation zu ermöglichen, bietet sich Marina erneut als Prostituierte an. Nach dem Eingriff scheint es Alexander besser zu gehen, er beginnt wieder zu malen und die beiden verreisen gemeinsam nach Wien. Doch dann kehrt der Tumor zurück und Alexander erblindet. Auf seinen Wunsch hin hilft Marina ihm, Selbstmord zu begehen und folgt ihm dann in den Tod.

Der Film wurde zum Gegenstand heftiger Empörung: Der Erzbischof von Köln, Kardinal Joseph Frings, verurteilte den Film in einem Hirtenbrief, der Ende Februar beim Anlaufen des Films verlesen wurde. Priester warfen Stinkbomben in Kinos, und Politiker verteilten Flugblätter mit Texten wie: „Die Sünderin – Ein Faustschlag ins Gesicht jeder anständigen deutschen Frau! Hurerei und Selbstmord! Sollen das die Ideale eines Volkes sein?"

Weshalb der Film Ziel jener sehr heftigen emotionalen Reaktionen wurde, lässt sich den Äußerungen der Beteiligten entnehmen: Er tangierte ihrer Ansicht nach die „öffentliche Moral" oder das, was als die „Ideale eines Volkes" angesehen werden sollten. In dem, was der Film zeigt, empfanden die Akteure diese Ideale als verletzt, beschädigt und insofern den Film und das Verhalten der in ihm und an seiner Vermarktung Beteiligten als „anstößig".

Was nach unserem heutigen Verständnis die öffentlichen emotionalen Reaktionen aus dem Jahr 1951 als inadäquat erscheinen lässt, ist, dass wir die damals von vielen geteilte Haltung nicht (mehr) teilen. Das Koordinatensystem im Hinblick auf die Frage, was als sittlich akzeptables Verhalten gilt und welche Bedeutsamkeit das, was als sittlich gilt, für unser öffentliches Leben haben soll, hat sich fundamental verschoben. Das, was vor mehr als siebzig Jahren als bedeutsam für die öffentliche Moral angesehen und von einigen Mitgliedern der Gesellschaft auch leidenschaftlich eingefordert wurde, hat diese Bedeutsamkeit eingebüßt. Darüber hinaus mutet es sehr verstörend an, dass nur sechs Jahre nach Ende eines fürchterlichen Krieges, in dem das Deutsche Reich seine Nachbarländer verheerte und Millionen jüdischer Mitbürger in Konzentrations- und Vernichtungslagern von Deutschen ermordet wurden, die „Sünderin" als „Faustschlag ins Gesicht jeder anständigen deutschen Frau" gesehen wurde – stattdessen hätten die von Nazi-Schergen begangenen Verbrechen die Frage aufwerfen müssen, ob in dieser Zeit überhaupt noch von den „Idealen eines Volkes“ gesprochen werden darf.

Eine ähnliche Spannung zwischen den emotionalen Reaktionen anderer und unserer eigenen Einschätzung spüren wir aber auch in der Gegenwart, wenn wir subkulturelle Enklaven im eigenen Land oder andere Regionen der Welt in den Blick nehmen und z. B. erfahren, dass Haltungen und Handlungen, die als gravierende familiäre Ehrverletzungen erlebt werden, zu erbarmungslosen Gewalttaten, wie z. B. zu Femiziden oder Blutrache, führen können, oder dass jungen Frauen im Iran nur deshalb Empörung und Aggressivität von religiösen Eiferern und den staatlich eingesetzten Tugendwächtern, den Basidschis, entgegengebracht wird, weil sie ihr Kopftuch etwas salopp oder gar nicht tragen.

Wie das Beispiel aus Deutschlands gar nicht allzu ferner Vergangenheit zeigen auch die interkulturellen Divergenzen in emotionalen Reaktionen, dass einige durchaus heftige Emotionen – wie z. B. Empörung – nur selten in objektiver Weise auf soziale Situationen passen. Typischerweise sind sie an bestimmte Lebensformen – an Kulturen, soziale Gruppen, Familien oder Peergroups – gebunden, die ein bestimmtes System an Werten und Normen vertreten, vermitteln und einfordern. Damit gehen immer auch (moralische) Voreingenommenheiten einher, die nicht leicht zu erkennen sind, da sie auf den (meist selbstverständlich erscheinenden) kulturellen Prägungen basieren. Meist fehlt eine externe Perspektive auf die tief verankerten Normen und Werte, die emotionale Reaktionen leiten. Wer aber kann von sich selbst sagen, dass das eigene Normen- und Wertesystem stets zu Emotionen führt, denen besonders getraut werden darf? Was es bräuchte, ist eine kritische Betrachtung der zugrunde liegenden Lebensformen.

Bisher haben wir vor allem die Aspekte der Korrektheit, der moralischen Angemessenheit und des wohlverstandenen Eigeninteresses berührt; eine andere Sache ist es, ob auch die epistemischen Aspekte von Interesse sind. Wenn zwischen einer epistemisch angemessen erscheinenden Emotion und ihrer Korrektheit ein Spannungsverhältnis besteht, dann haben wir in der Regel auf eine scheinbar zuverlässige Quelle reagiert, deren Auskunft nicht zutrifft. Ein Beispiel ist der oben genannte Arzt, der uns – aufgrund einer Verwechslung – fälschlich negativ über den Gesundheitszustand einer Angehörigen informiert. In solchen Fällen ist es jedoch nicht unsere Emotion, die uns falsch informiert, sondern die vermeintlich vertrauenswürdige Quelle.

Die Dinge liegen freilich etwas anders, wenn wir dauerhaft einseitig oder fehlinformiert werden, und zwar dadurch, dass wir uns in einer epistemischen Blase oder in einer ↗Echokammer befinden, die wir nicht in Frage stellen.

**Fall 6: Politische Agitation und Deepfakes**

Vor allem im politischen Kontext reagieren Menschen mitunter mit heftigen Emotionen und emotional aufgeladenen Handlungen, wie Mitte der 2010er Jahre beispielsweise bei den PEGIDA-Demonstrationen, später dann bei Querdenken-Kundgebungen gegen die Covid-19-Maßnahmen der Bundesregierung und beim Sturm aufs Kapitol der Vereinigten Staaten von Amerika am 6. Januar 2021 deutlich wurde. Viele der Informationen, die bei diesen Ereignissen die emotionalen Reaktionen auslösten, stammten nicht aus Erfahrungen erster Hand, sondern wurden über unterschiedliche Nachrichtenkanäle transportiert, zunehmend über soziale Medien, die besonders gut Menschen erreichen, die bereits eine Passion für die durch diese Inhalte vermittelten Positionen haben. Gesellschaftlich brisant wird dies, wenn die verbreiteten Angaben bewusst eingesetzte

Falschinformationen sind und darüber hinaus seriös recherchierte Nachrichten als Mitteilungen einer sogenannten „Lügenpresse“ diffamiert werden.

Die wiederholten Demonstrationsaufrufe zu den oben genannten Kundgebungen, die Vernetzung der Sympathisanten über soziale Medien und die Veranstaltungen selbst führten unter den Anhängern zu einer äußerst aversiven Stimmung gegenüber dem sogenannten Establishment und festigten deren politische Passion oder trugen zu dieser bei. Hätten die Aufrufe einen belastbaren Realitätsgehalt – musste beispielsweise mit einer „Islamisierung des Abendlandes“ und den damit verbundenen politischen und kulturellen Umbrüchen, wie 2014 von den selbsternannten „Patriotischen Europäern“ behauptet wurde, gerechnet werden –, dann hätten die teils heftigen emotionalen Reaktionen der von ihnen mobilisierten Demonstrationsteilnehmer eine Basis in der Sache; ebenso, wenn die Bundesregierung im Laufe des Jahres 2020 tatsächlich versucht hätte, eine „Corona-Diktatur“ zu errichten. Das Gleiche gilt für die mit Verschwörungstheorien unterlegte Behauptung Donald Trumps, 2020 sei die Präsidentenwahl „gestohlen“ worden. In allen drei kontrafaktischen Szenarien wären Empörung, Wut und Ärger passende Emotionen. Sie waren und sind es aber nicht, da die Welt nicht so beschaffen ist, wie von den interessierten Agitatoren jeweils behauptet wurde.

Die emotional aufgewühlten Kundgebungsteilnehmer hätten ihren Emotionen also besser nicht getraut. Der Sache nach waren sie nicht angemessen, sie waren die Folge von Propaganda und Falschdarstellungen. Können ihre Emotionen aber zumindest als epistemisch angemessen angesehen werden? Ich habe meine Zweifel. Denn im Unterschied zu dem oben genannten Standardbeispiel für solche Sachlagen, bei dem eine durch und durch vertrauenswürdige Instanz (ein Krankenhaus, ein Arzt) durch ein Versehen fehlinformiert hat, ist es problematisch, die in den angeführten Beispielen durch politische Scharfmacher gegebenen Informationen als zuverlässig anzusehen. Sie waren von Anfang an in der Öffentlichkeit umstritten und es gab zahlreiche Möglichkeiten, andere Meinungen einzuholen und sich umfassend und seriös zu informieren. Allerdings ist es Teil der politischen Strategie interessierter politischer Kreise neben der Verbreitung von Fehlinformationen zugleich das Vertrauen in andere Quellen zu untergraben. Diese trifft auf fruchtbaren Boden, wenn ein beträchtlicher Teil der adressierten Anhängerschaft klassische Nachrichtenübermittlung über Tageszeitungen oder Nachrichtensendungen der öffentlich-rechtlichen Rundfunkanstalten für wenig vertrauenswürdig hält. Auch scheint es vielen fehlinformierten Anhängern bestimmter politischer Positionen (wie auch anderen Mitgliedern von Echokammern) primär nicht darum zu gehen, ihre Meinungen auf bessere Fundamente zu stellen und gegebenenfalls zu korrigieren, da sie für die Sache, für die sie eintreten, bereits eine politische Passion entwickelt haben.

Diejenigen jedoch, die an der Angemessenheit ihrer Emotionen interessiert sind, sollten bereit sein zu überprüfen, ob sie durch Propaganda, epistemische Blasen oder Echokammern fehlgeleitet werden. Natürlich lässt sich damit nicht ausschließen, dass wir durch perfekt inszenierte ↗ Fake News dazu verleitet werden, falsche Nachrichten zu glauben und auf diese emotional zu reagieren. Die emotionalen Reaktionen wären auch in einem solchen Fall nicht korrekt, könnten aber als epistemisch angemessen gelten.

### Fall 7: Das Ungefühlte

Bisher haben wir Fälle betrachtet, in denen Menschen (teilweise heftig) emotional reagieren. Kürzlich haben Jan Slaby und Imke von Maur unsere Aufmerksamkeit auf den umgekehrten Fall gerichtet: auf gesellschaftliche Situationen, in denen intensive emotionale Reaktionen zu erwarten, in denen Besorgnis, Furcht, wenn nicht sogar Panik angemessen wären, in denen aber keine emotionale Betroffenheit entsteht.

Wenn man in eine Suchmaschine die Begriffe „Urlauber", „Strand" und „Waldbrand" eingibt, erscheinen eine ganze Reihe von Aufnahmen – sei es aus Südfrankreich, aus Portugal oder aus Griechenland –, die fast immer entspannte Feriengäste unter Sonnenschirmen zeigen, von denen einige vielleicht milde interessiert in Richtung der im Hintergrund lodernden Feuer oder der Rauchsäulen schauen, aber keine Emotionen zu zeigen scheinen, obwohl diese Brände in den Sommermonaten zunehmen und ein untrügliches Zeichen für das sich verändernde Klima sind. Slaby nahm ein solches Foto vom Sommer 2017 zum Anlass, über das „gesellschaftlich ↗Ungefühlte" nachzudenken und dieses in einem größeren politischen Rahmen zu verankern, während von Maur unter anderem auf Greta Thunberg verweist, die 2019 als sechzehnjährige in mehreren Reden vor mächtigen Politikerinnen, Politikern und Wirtschaftsbossen kundtat, dass sie auf deren Hoffnung gerne verzichten könne. Was sie wolle, sei, dass sie sich fürchten – so wie sie jeden Tag –, so, als stünde ihr Haus in Brand, denn es stehe in Brand.

Im Allgemeinen ist es nicht ganz einfach, von selbst Situationen zu identifizieren, in denen wir (in bestimmter Weise) hätten emotional reagieren sollen, es aber unterließen. Wenn wir unserem Gefühlsleben trauen wollen, sollten wir jedoch auch an Fällen interessiert sein, in denen wir nicht emotional reagiert haben, obwohl es angemessener gewesen wäre, reagiert zu haben. In solchen Fällen können wir aufgeschlossen gegenüber anderen sein, die uns auf unsere emotionalen Versäumnisse aufmerksam machen.

### 3.3.3 Zwischenfazit

Die vorgestellten Fallbeispiele haben uns auf einige Situationen und Verhältnisse aufmerksam gemacht, in denen es sich lohnt, etwas skeptischer zu sein, was die Vertrauenswürdigkeit der eigenen Gefühle angeht (s. Tab. 3.1).

Am Beispiel einer Phobie haben wir gesehen, inwiefern affektive Störungen zu Gefühlen führen können, die uns die Welt nicht so präsentieren, wie sie ist und von vielen anderen Menschen erlebt wird. Einen anderen Störfaktor bilden ausgeprägte Stimmungen. Stärkere Stimmungen verändern unsere Emotionsbereitschaften und können auf diese Weise unsere Wahrnehmung verzerren, so dass wir mitunter anderen Menschen nicht mehr gerecht werden, wenn unsere emotionale Reaktion vornehmlich durch unsere Stimmung beeinflusst ist. Ebenso können negative existenzielle Gefühle unsere Wahrnehmung beeinträchtigen. Wer sich zum Beispiel von anderen häufig abgelehnt und nicht richtig respektiert fühlt, kann in einer komplexen sozialen Situation, wie einem kompetitiven Auswahlverfahren, die interessiert bis neutral gestellten Fragen der Auswahlkommission als persönlichen Angriff fehldeuten und entsprechend ungehalten oder eingeschüchtert reagieren.

Des Weiteren haben wir gesehen, dass es Situationen gibt, in denen einige unserer Emotionen von Personen unseres sozialen Umfeldes als unpassend abgelehnt werden, obwohl sie genau das zum Ausdruck bringen, was wir empfinden, und ein wichtiger Faktor für unser eigenes Wohlbefinden sein können. Das aus den 1960er Jahren stammende Beispiel aus England über den Umgang mit schweren persönlichen Verlusten verweist auf ein grundlegendes Spannungsverhältnis, das in Bezug auf Angemessenheitsfragen bei kulturell vermittelten und verankerten Normen

**Tab. 3.1** Störfaktoren für vertrauenswürdige Gefühle und deren Angemessenheit

| Fall | korrekt | moralisch passend | epistemisch in Ordnung | prudenziell | authentisch | gesellschaftliche Spannung |
|---|---|---|---|---|---|---|
| 1: Höhenangst | nein | ./. | ./. | nein | nein | nein |
| 2: Stimmung | nein | kaum | ./. | kaum | vermutlich nicht | nein |
| 3: existenzielles Gefühl | nein | ./. | ./. | nein | vermutlich nicht | vielleicht |
| 4: tabuisierte Trauer | ? | ? | | nein | nein | ja |
| 5: Die Sünderin | von der Kultur/ Zeit abhängig | von der Kultur/ Zeit abhängig | ./. | ungewiss | ja | ja |
| 6: Politische Agitation | fragwürdig | nein | nein | fragwürdig | ja | ja |
| 7: Ungefühltes | nein | nein | ./. | kurzfristig ja | vermutlich | vielleicht |

und Wertvorstellungen bestehen kann. Auf diese komme ich noch zurück.

Wie sehr solche Wertvorstellungen in Lebensformen bestimmter Zeiten oder Regionen verankert sein und voneinander abweichen können, wurde im Anschluss an einem Beispiel aus der jüngeren deutschen Geschichte illustriert, das aufzeigt, wie sehr sich bei uns in den letzten siebzig Jahren Einstellungen und Normgefüge verändert haben. Beide Fallbeispiele verweisen auf Einflussfaktoren, die in neueren Strömungen der Emotionsphilosophie – dem Paradigma der Situierten Affektivität – besonders gut erfasst und diskutiert werden können. Diesen wenden wir uns im nachfolgenden Abschn. 4.1 zu.

Ein weiteres Beispiel hat uns vor Augen geführt, wie sehr emotionale Reaktionen von Mitgliedschaften in Echokammern, die sich zugleich in politischen Passionen manifestieren, abhängen können, und sich besonders dann entladen, wenn – unter Umständen durch Fehlinformationen begünstigt – zu Aktionen aufgestachelt wird. Auch Verhältnisse dieses Typs werde ich noch etwas genauer beleuchten und dabei insbesondere auf Echokammern, Fake News und Deepfakes eingehen.

Zuletzt konnten wir sehen, dass wir auch nicht immer sicher sein können, dass unser Nicht-Fühlen anzeigt, dass es keine relevanten Vorkommnisse gibt, die wir vielleicht besser ernstgenommen und in entsprechende Handlungen überführt hätten.

Um einen besseren Eindruck davon zu erlangen, wie unsere soziale Umgebung den Spielraum und die Instanziierung unserer affektiven Reaktionen beeinflusst, ist es sinnvoll, dass wir uns nun dem Paradigma der ↗ Situierten Affektivität zuwenden. Dadurch erhalten wir einerseits Einblick in die (diachrone) Genese unseres Emotionsrepertoires, andererseits in die Faktoren, die (synchron) unsere Stimmungen und emotionalen Reaktionen zu einem bestimmten Zeitpunkt beeinflussen. Einige davon können wir selbst steuern, andere sind mitunter wirksam, ohne dass wir uns ihres Einflusses bewusst sind.

# 4

# Situierte Affektivität

Das, was seit geraumer Zeit unter dem Begriff „Situierte Affektivität“ diskutiert wird, ist eine Abkehr von traditionellen Ansichten über Emotionen und andere affektive Phänomene, die sowohl in der Psychologie als auch in der Philosophie in der Regel individualistisch und gehirnorientiert verstanden wurden. Nach herkömmlicher Auffassung verarbeitet das menschliche Gehirn in Sekundenbruchteilen eintreffende emotionswürdige Signale und veranlasst – wie wir in Kap. 2 sehen konnten – umgehend zumeist situationsgemäße neurophysiologische und hormonelle Veränderungen, die bei emotionalen Reaktionen auch den Körper einbeziehen. Neben diesen in der Emotionspsychologie und Affektiven Neurowissenschaft traditionell untersuchten Abläufen gibt es jedoch weitere Faktoren in unserer natürlichen, technischen, vor allem aber sozialen Umwelt, die unser affektives Leben nachhaltig beeinflussen.

Im Folgenden werden wir dazu zwei gegenläufige Interaktionsformen kennenlernen. Die eine umfasst die zentralen


A. Stephan, *Gefühle – können wir ihnen trauen?*, #philosophieorientiert, https://doi.org/10.1007/978-3-662-73285-4_4

externen Einflüsse, die das affektive Repertoire eines Individuums von Beginn an formen, dessen Passionen mitprägen und auch seine emotionalen Reaktionen in spezifischen Situationen mitbeeinflussen. Diese Formung und Beeinflussung der affektiven Möglichkeiten und Reaktionen eines Individuums wird als *mind shaping* bezeichnet. Die andere Interaktionsform (die sogenannte *user-resource interaction*) geht vom jeweiligen Individuum aus, das in geeigneten Momenten seine natürliche, technische und soziale Umwelt als Ressource nutzen kann, um eigene affektive Prozesse zu regulieren, sie beispielsweise in gewünschte Bahnen zu lenken oder die affektiven Abläufe generell zu modifizieren. Wenden wir uns zunächst der ersten Interaktionsform zu, die für einige der zuvor diskutierten Fallbeispiele eine durchaus zentrale Rolle spielt.

## 4.1 *Mind shaping* – die Formung unseres Geistes und unserer Persönlichkeit

Das, was uns als Persönlichkeit ausmacht, unsere Wertvorstellungen, unsere politischen Haltungen, unsere affektiven Möglichkeiten, Handlungsbereitschaften und Reaktionsweisen, wird von Geburt an in unseren Herkunftsfamilien und unserem weiteren sozialen Umfeld – im Kindergarten, in der Schule und dem Freundes- und Bekanntenkreis – geformt. Aber auch in späteren Lebensphasen unterliegen wir weiterhin externen Einflüssen aus unserem sozialen Umfeld. Der Austausch mit Kolleginnen und Kollegen am Arbeitsplatz, in politischen Parteien und Gruppierungen und die Interaktionen in sozialen Medien können unsere Passionen, Stimmungen und emotionalen Reaktionen auch in späteren Jahren noch maßgeblich prägen. Im Folgenden beleuchte ich einige besonders relevante Einflüsse etwas näher.

*Frühe Gefühlsbildung.* Von Geburt an erfahren Kinder, wie die Menschen ihrer sozialen Umwelt, allen voran ihre Familienmitglieder, später ihr Freundes- und Bekanntenkreis, affektiv auf Alltagsereignisse und besondere Vorkommnisse reagieren. Diese unterliegen häufig impliziten „Gefühlsregeln“, die in großen Teilen einer Gesellschaft vorherrschend sind. Es gibt aber auch familiäre oder gruppenspezifische Besonderheiten, die von den allgemeinen Wertvorstellungen abweichen können. Jedes Individuum wächst auf diese Weise in die Werte und Normen der es umgebenden Gesellschaft hinein, es lernt, nach und nach an den kulturell geprägten Lebensformen teilzuhaben, die ein bestimmtes Repertoire an Gefühlsregeln mit sich bringen, die festlegen, *wer* sich unter *welchen Umständen wie* freuen, empören oder ängstigen darf; und es lernt zugleich, die eigene Gefühlswelt mehr oder weniger feinkörnig wahrzunehmen und zu benennen. Jedes Individuum bildet auf diese Weise im Laufe seines Lebens das aus, was wir mit Imke von Maur seine „affektive Biographie“ nennen können.

Kulturanthropologische Untersuchungen zeigen, dass sich Gefühlsregeln und das Individuen damit zur Verfügung stehende Gefühlsrepertoire von Kultur zu Kultur stark unterscheiden können. So gibt es in unterschiedlichen Gesellschaftsformen signifikante Unterschiede im Erleben und Ausdrücken von Furcht, Trauer und Aggression. Aber auch Gefühle von Verliebtheit, ↗ Ehre und Schande weisen wie die Interaktionsformen zwischen älteren und jüngeren Menschen oder zwischen männlichen und weiblichen Familienmitgliedern große kulturelle Unterschiede auf. Beispielsweise stellt Scham im indonesischen Kontext eine höchst relevante Emotion dar, die in einer Vielzahl von

Kontexten erlebt und gezeigt wird und mit positiven Konnotationen verbunden ist. So wird beispielsweise eine hohe Schambereitschaft als Tugend, als Sensitivität gegenüber den sozialen Normen und Verhaltensstandards der sozialen Gemeinschaft bewertet. In den USA ist Scham dagegen negativ besetzt; sie wird als ein Zeichen der Unsicherheit und Schwäche gedeutet, als eine Emotion, deren Ausdruck es zu vermeiden gilt. Es wundert daher nicht, dass Scham bei den am häufigsten erlebten Emotionen in Indonesien an erster Stelle genannt wird, in den USA dagegen erst an sechsundfünfzigster Stelle rangiert. Interessant ist auch, wie unterschiedlich das, was wir als Verliebtheit kennen, von einigen anderen Kulturen bewertet wird. Zum Beispiel wird von den Makassar, einem etwa zwei Millionen Menschen umfassenden Volk, das im Süden der indonesischen Insel Sulawesi beheimatet ist, Verliebtheit keineswegs als ein positiver und erstrebenswerter emotionaler Zustand wahrgenommen, sondern als eine geistig-körperliche Erkrankung, „die ein sozial-zerstörerisches Potenzial besitzt und familiäre Strukturen und Harmonien gefährden kann" (Röttger-Rössler 2006, 67).

Besonders augenfällig werden Unterschiede im Gefühlsrepertoire, wenn Individuen unterschiedlicher kultureller Prägung aufeinandertreffen und dabei in ein Spannungsfeld divergierender affektiver Praxen geraten, was aufgrund familienspezifischer Unterschiede auch bei Menschen desselben Kulturraums vorkommen kann. Vor einer besonderen Herausforderung stehen jedoch Mitglieder von Zuwandererfamilien, vor allem jene der zweiten Generation. Sie erleben zu Hause häufig eine Erziehung, die an den Werten und Normen der Heimatregion der Eltern orientiert ist, die diese Regeln selbst von Kindesbeinen an meist implizit gelernt und verinnerlicht haben und in der Regel nicht in Frage stellen. Dagegen erleben ihre Kinder im Austausch mit ihren Freundinnen und Freunden meist ganz andere Umgangsformen. So erwarten beispielsweise vietnamesische Eltern von ihren Kindern, dass sie ihnen mit Respekt und Ehrerbietung begegnen und ihre Anweisungen sofort und ohne Widerspruch befolgen. Für ihre Kinder ist das oft schwer zu akzeptieren, werden sie doch in ihren Lernumgebungen geradezu angehalten, eine eigene Meinung zu entwickeln und Meinungsverschiedenheiten offen auszutragen – eine Praxis, die sie darüber hinaus auch im Umgang ihrer Klassenkameraden mit deren Eltern erleben. Die vietnamesischen Eltern und ihre Kinder spüren dadurch in manchen Auseinandersetzungen eine Form von Entfremdung, die Röttger-Rössler auf die Unübersetzbarkeit ihrer unterschiedlichen Lebenswelten zurückführt, die den vietnamesischen Kindern aber auch im Hinblick auf ihre Peers widerfährt. So habe sie (Birgitt Röttger-Rössler) mehrfach von vietnamesischen Jugendlichen den Satz gehört „du kannst einem deutschen Kumpel nie wirklich erklären, was es bedeutet, vietnamesische Eltern zu haben" (Röttger-Rössler 2018, 255; Übers. v. Verf.). – Und was hier etwas ausführlicher für Familien mit einem vietnamesischen Hintergrund ausgeführt wurde, gilt in ähnlicher Weise für viele Familien aus dem östlichen Mittelmeerraum, dem Iran oder Afghanistan. Aufsehen erregte jüngst der Fall, bei dem ein Siebzehnjähriger seinen eigenen Vater angezeigt hatte, der ihn beauftragt haben soll, die neunzehnjährige Tochter zu ermorden, weil sie die „Familienehre" verletzt habe. Da wir von Femiziden wissen, in denen junge Männer auf Geheiß des Familienoberhauptes ihre eigene Schwester töteten, kann der Mut des jungen Mannes kaum hoch genug geschätzt werden, sich aus dem Wertesystem seiner Familie und dem damit verbundenen Gefühlsrepertoire verabschiedet zu haben und einem freiheitlich-humanistischen Leitbild zu folgen.

Dass es auch innerhalb Deutschlands bei einem Umzug von einer Metropole in eine dörfliche Idylle zu miteinander konfligierenden Lebenswelten kommen kann, zeigt der 2011 erschienene Film „Sommer in Orange“ von Marcus H. Rosenmüller auf sehr humorvolle Weise. Im Zentrum des Films steht eine Gruppe Berliner Bhagwan-Anhänger um Amrita, ihren Lebensgefährten Siddharta und ihre Kinder Lilli und Fabian, die sich nach einer Erbschaft auf einem alten Bauernhof im oberbayerischen Talbichl niederlassen. Die Dorfbewohner begegnen den Zugezogenen, die durch ihre orangefarbene Kleidung und ihren ungewohnt freizügigen Lebensstil auffallen, mit Misstrauen. Die zwölfjährige Lilli ist in der Schule zunächst Außenseiterin, passt sich im Laufe der Zeit jedoch der Kleidung und den Gebräuchen der Dorfbewohner an, während sie zu Hause den alternativen Lebensstil der Wohngemeinschaft fortsetzt. Der schwelende Konflikt zwischen den Gruppen findet seinen Höhepunkt bei einem Dorffest, bei der die orange gekleidete Kommune nicht nur auf die anderen Dorfbewohner, sondern auch auf Lili und Fabian trifft, die voller Begeisterung im Trachtenanzug mit den Talbichlern musizieren.

Wie bereits kurz angesprochen, gibt es neben eher gesamtgesellschaftlich verankerten Gefühlsregeln familiäre Praxen, die einen heranwachsenden Menschen sehr stark prägen und gegebenenfalls auch affektiv beeinträchtigen können. Wenn Eltern glauben, sie dürften niemals Angst in Anwesenheit ihrer Kinder zeigen, und ihr Verhalten danach ausrichten, kann das dazu führen, dass ihr Kind keine Begriffe und Ausdrucksformen für furchteinflößende Ereignisse und Situationen erwirbt und später von furchterregenden Lebenssituationen überwältigt wird und mühsam lernen muss, Furcht und Angst begrifflich zu erschließen und damit umzugehen. In anderen Familien mag es vorkommen, dass Erfolge, auf die ein Kind zu Recht stolz sein darf, nicht angemessen gewürdigt werden. Gibt es so gut wie niemals Lob und Anerkennung für vollbrachte

Leistungen, dürfte es für den jungen Menschen auch später noch sehr schwer sein, ein gesundes Selbstwertgefühl zu entwickeln.

Wenn wir vor dem Hintergrund dieser Erläuterungen noch einmal auf unsere oben aufgeführten Fallbeispiele blicken, können wir feststellen, dass im Fall der trauernden Witwen im England der 1960er Jahre (Fall 4) offenbar zwei affektive Haltungen in den Familien verbreitet waren. Nach der einen galt es als Gefühlsregel, dass gegenüber den Verstorbenen keine Formen von Ärger, Zorn oder gar Wut empfunden oder gezeigt werden dürfen, auch keine von Sehnsucht und Verlangen, sondern ein quasi emotionsloses „Sich-Abfinden" mit der Situation gefordert war. Frauen, die in solchen Sozialkonstellationen zu Hause waren, hatten es extrem schwer, ihre mit dem Verlust verbundenen Gefühle wahrzunehmen und diesen in authentischer Weise Ausdruck zu verleihen. Dagegen war es in einigen anderen Familien offenbar möglich, die eigenen Gefühle offen zu erleben und auch auszudrücken.

Bezüglich des unangemessenen existenziellen Gefühls der Zurückweisung und Ablehnung (Fall 3) kann hingegen eher von einer idiosynkratischen Wahrnehmungsweise der Interaktion mit sozialen Gruppen ausgegangen werden, die in zuvor erlebten Situationen erworben wurde. Vermutlich hat die Person im Laufe ihres Lebens eine Reihe von Zurückweisungen oder auch Mobbing erlebt, vielleicht bereits in der Familie, möglicherweise im Klassenverbund oder in anderen sozialen Konstellationen während der Adoleszenz, so dass sich eine für das eigene Wohlergehen schädliche Interaktionsform mit anderen Menschen entwickelt hat, nach der andere auch dann als ablehnend wahrgenommen werden, wenn sie sich neutral oder gar zugewandt zeigen.

Am Beispiel der Auseinandersetzungen um den Film *Die Sünderin* (Fall 5) lässt sich sehen, wie sich im Laufe von etwa siebzig Jahren Wertvorstellungen und Gefühlsregeln auch innerhalb einer Gesellschaft massiv verändern können. Anfang der 1950er Jahre war es für einen beträchtlichen Teil der Bevölkerung ein zutiefst affektives Anliegen, die vermeintliche öffentliche Sittlichkeit zu verteidigen und das damit verbundene Bild der Frau einzufordern. Auch wenn es sicher Menschen gab, die dem Film gelassen, neutral oder interessiert zugewandt waren, brachten in der Öffentlichkeit stehende Meinungsführer dem Film vor ihrem moralischen Hintergrund Abscheu und Empörung entgegen – mit dem Ziel, mögliche Filmbesucher davon abzuhalten, sich diesem „Werte zersetzenden Einfluss" auszusetzen. Heute stehen wir den Passionen und Haltungen der damaligen Akteure verständnislos gegenüber. Sie sind uns so fremd geworden, dass man meinen könnte, Politiker und Priester wären mit solchen Ansichten heute der Lächerlichkeit preisgegeben. Allerdings zeigen die Reaktionen von fundamentalen Wertechristen, Männerrechtsaktivisten und Rechtspopulisten, die 2023 nach Anlaufen des Films ↗ *Barbie* in den USA gegen diesen „männerfeindlichsten Film aller Zeiten" unter anderem mit dem öffentlichkeitswirksamen Verbrennen von Barbie-Puppen protestierten, dass selbst in unserer Zeit Kulturkämpfe fortbestehen. Es lässt sich also auch an diesem Beispiel eine Unübersetzbarkeit von Lebenswelten feststellen – eine interessante Einsicht, zeigt sie doch, wie sehr wir immer Kinder unserer Zeit oder unserer Parallelwelten sind.

Dagegen verweisen die affektiv geprägten Handlungen der Querdenker, der Pegida-Demonstranten und der Erstürmer des Kapitols (Fall 6) auf eine andere Form des *mind shaping*, der wir uns im Folgenden zuwenden.

*Gefühlsprägung durch epistemische Blasen und Echokammern, vor allem in sozialen Medien.* Ab der Adoleszenz unterliegen wir weiteren affektiven Prägungen, die durch epistemische Blasen verstärkt werden können, durch eine Mitgliedschaft in sogenannten Echokammern aber besonders gravierend ausfallen. Beide Einflusssphären hat es auch früher schon gegeben, in bestimmten politischen Kreisen, Ordensgemeinschaften oder Sekten. Seit dem Aufkommen von Online-Plattformen und sozialen Medien, die weltweit zugänglich, mühelos und anonym nutzbar sind, hat sich die Einrichtung und der Einfluss insbesondere von Echokammern allerdings rapide verstärkt. Deshalb betrachte ich sie im Folgenden in ihrer Online-Ausprägung. Worum handelt es sich da?

Wir alle sind auf die eine oder andere Weise Teil epistemischer Blasen. In diese gelangen wir eher unabsichtlich, wenn wir uns zum Beispiel immer häufiger von denselben Influencern informieren lassen, weil wir ihre Themen spannend finden, nahezu ausschließlich Nachrichten in Zeitungen lesen, mit deren politischer Ausrichtung wir bereits weitgehend übereinstimmen, oder wenn wir in unserem Freundeskreis oder Arbeitsumfeld hauptsächlich mit Personen verkehren, die einen ähnlichen Erfahrungshintergrund wie wir selbst haben und unsere gesellschaftspolitischen Ansichten teilen. Wer zum Beispiel nur die im politisch links-alternativen Spektrum angesiedelte *taz* zu Rate zieht, bekommt andere Ansichten präsentiert als jemand, der sich nur über die im konservativen Spektrum verortete *Welt* informieren lässt. Jemand, zu dessen Freundes- und Bekanntenkreis zahlreiche Aktivisten der *Fridays for Future*-Bewegung gehören, erhält eine andere affektive und politische Prägung als die Gäste des *Formel 1 Paddock Clubs*™, auch wenn nicht auszuschließen ist, dass der eine oder andere Formel 1-Enthusiast auch der *Fridays for Future*-Bewegung nahesteht. Mitglieder epistemischer Blasen stimmen in vielen Bewertungen und affektiven Reaktionen auf Ereignisse überein, zu der es in den Blasen bereits einschlägige

Ansichten gibt. Konträre Ansichten bleiben hingegen meist unbeachtet und fließen nicht in ihre Meinungsbildung ein. Nach Thi Nguyen werden Vorkommnisse in der Welt in epistemischen Blasen inadäquat repräsentiert, da alternative Ansichten, die zu einem vollständigen Gesamtbild beitragen könnten, häufig nicht wahrgenommen werden. Allerdings ist dies nicht zwingend. Kommen Ansichten und Argumente auf den Tisch, die die bisherigen Einstellungen zu erschüttern vermögen, können Individuen, die epistemischen Blasen angehören, durchaus ihre Ansichten revidieren.

Echokammern sind dagegen epistemisch-affektive *Online*-Räume, die bewusst darauf angelegt sind, nur solche Mitglieder zu gewinnen und zuzulassen, die einen festgelegten Kern an Überzeugungen, Haltungen und Wertvorstellungen teilen und sich diesem passioniert verschreiben. Wer zum Beispiel nicht voller Überzeugung die Meinung vertrat, dass die Präsidentschaftswahl in den USA 2020 durch die Demokraten „gestohlen" wurde, hatte keine Chance, in die entsprechende *Stop the Steal*-Facebook-Gruppe aufgenommen zu werden (Fall 6). Für einige besonders radikale Echokammern gibt es Aufnahmerituale, bei denen durch feindselige Handlungen gegenüber den zu ihrem Feindbild Gehörenden nachgewiesen werden muss, dass man wirklich dazugehört: im Internet z. B. durch Hassbotschaften oder diskriminierende „Witze" wie die angeblich „scherzhafte" Dehumanisierung von Migranten durch Mitglieder der *Alt-Right*-Bewegung. Die abstoßend radikale Haltung der INCEL-Szene – einem Akronym für *involuntary celibates*, also unfreiwillig sexuell enthaltsam lebenden Männern – zeigt sich dagegen in deren entmenschlichenden, hasserfüllten Chats über Frauen, die in diesen Gruppierungen als diejenigen gelten, die den *Incels* ihr vermeintliches Recht auf Sex vorenthalten. Die meisten dieser Männer nehmen sich selbst als unattraktiv und hässlich wahr und überschütten sich auch gegenseitig mit erniedrigenden Posts.

Wie in sektiererisch-manipulativen und abgeschotteten Gruppen wird in Echokammern ein tiefes Misstrauen gegenüber den Ansichten von Nicht-Mitgliedern geschürt, während das Vertrauen in die eigenen Positionen nach allen Regeln der Kunst indoktriniert wird. Oftmals entsprechen die Behauptungen, die in Echokammern kursieren, nicht den Fakten. Bei einigen handelt es sich um gezielt gestreute Falschaussagen, die die verqueren Weltansichten der Betreiber der Echokammern politisch forcieren sollen (Beispiele sind die Behauptungen, die Bundesregierung errichte eine Corona-Diktatur oder die US-Präsidentschaftswahl sei gestohlen worden; beide Fall 6). Glauben Mitglieder nur noch den Informationen, die sie in Echokammern erhalten, entfernen sie sich immer weiter von anderen, *de facto* häufig vertrauenswürdigeren Informationsquellen. Die Verbreitung von verdrehten oder falschen Darstellungen wird dadurch begünstigt, dass der Zugang zu Echokammern denjenigen verwehrt wird, die die gewünschten Überzeugungen nicht teilen. Die damit erzeugte „*Wir* gegen die *Anderen*"-Haltung wird durch besondere Techniken noch weiter verfestigt. Eine davon ist der sogenannte *Disagreement-Reinforcement*-Mechanismus, demzufolge Mitglieder von Echokammern darauf vorbereitet werden, dass sie voraussichtlich mit bestimmten widersprechenden Argumenten und Meinungen durch Nicht-Mitglieder konfrontiert werden (*disagreement*), was, sobald es geschieht, dazu führt, das Vertrauen in die Echokammer zu stärken (*confirmation*), denn das Angekündigte tritt ja ein. Die inhaltlichen Gesichtspunkte bleiben dabei unberücksichtigt, insbesondere wird nicht geprüft, ob die gegenteiligen Ansichten in sich stimmig und überzeugend sind – eine Immunisierungstechnik, die während der Covid-19-Pandemie unter Querdenkern wohl so geschickt verankert wurde, dass selbst

Familienmitglieder argumentativ nicht mehr an die überzeugten Impfgegner herankamen (Fall 6).

Echokammern dienen jedoch nicht nur als Informationsquelle, sondern auch als affektive Ressource, die vielen ihrer Mitglieder eine Zufluchtsstätte bietet, sie damit aber auch an die Gruppe bindet. Rebecca Watzlawek hat am Beispiel von *Pro Ana Worlds* eindrücklich zeigen können, dass zumindest einige Echokammern ihren Mitgliedern ein Gefühl von Geborgenheit, Zugehörigkeit und Verständnis bieten, das diese als Unterstützung erleben und das ihr subjektives Wohlbefinden stärkt. *Pro Ana Worlds* sind Online-Räume, in denen sich Personen (meist sind es junge Frauen) treffen, die von der psychiatrischen Störung *Anorexia Nervosa* (Magersucht) betroffen sind, diese aber nicht überwinden, sondern aktiv ausleben wollen – eine Verhaltensweise, für die sie weder in der Familie, im Freundeskreis noch unter Ärztinnen und Ärzten Verständnis erwarten dürfen, die von Gleichgesinnten aber schaurige Unterstützung erfahren. Denn es darf nicht vergessen werden, dass die in *Pro Ana Worlds* propagierten Verhaltensstandards zu gravierenden gesundheitlichen Problemen, bis hin zum Tod, führen können.

Vermutlich bieten stärker politisch orientierte Echokammern auf andere Weise ein Gefühl von Zugehörigkeit als die gerade besprochenen *Pro Ana Worlds* – weniger eine Form von Geborgenheit und Verständnis, die im Familien- und Freundeskreis (aus durchaus nachvollziehbaren Gründen) wenig vermittelt wird, sondern mehr das Empfinden einer (fehlgeleiteten) gemeinsamen Passion, für die es sich zu lohnen verspricht, mit großer Leidenschaft einzutreten, wie an den sehr affektiv unterlegten Handlungen anlässlich der Pegida- und Querdenker-Kundgebungen und der Erstürmung des Kapitols durch Trump-Anhänger zu sehen war (Fall 6). Beide Typen von Zugehörigkeit scheinen die davon Angesprochenen ausreichend zu motivieren, regelmäßig online die Chats ihrer Echokammer zu verfolgen und sich dort unter Gleichgesinnten zu Hause zu fühlen, was es besonders schwer macht, die Echokammer hinter sich zu lassen.

Zwischen epistemischen Blasen und Echokammern gibt es durchaus fließende Übergänge. So mag sich jemand zunächst über längere Zeit im Internet über die Covid-19-Infektion informiert haben, dann bestimmten Links auf weitere Seiten zum Thema gefolgt sein, ohne wahrzunehmen, dass diese mit gezielten Falschmeldungen zur Querdenken-Szene führte, der sich die Person schließlich inhaltlich Stück für Stück näherte, bis sie aktiver Teil der Gruppierung wurde.

Für alle Formen des *mind shaping* gilt, dass diejenigen, die durch externe Faktoren längerfristig beeinflusst werden, dies in der einen oder anderen Weise zulassen müssen, bewusst oder unbewusst. Während sich ein Säugling oder Kleinkind dem intensiven Austausch mit seinen zentralen Bezugspersonen so gut wie gar nicht entziehen kann, wachsen im Laufe des Lebens unsere Freiheitsgrade im Hinblick darauf, mit wem und auf welche Weise wir unsere Zeit verbringen. Die Zugehörigkeit zu bestimmten Peergroups (handele es sich um sogenannte Wutbürger, um Mitglieder der Punk-Szene oder etwa um Hippies) erfolgt – wenn auch vor dem Hintergrund bestimmter Vorgeschichten – zumeist aus freien Stücken, ebenso die Nutzung sozialer Medien. Auch die Angebote politischer Scharfmacher oder radikaler Gruppierungen erreichen und mobilisieren nicht alle Menschen auf gleiche Weise. Einige sind dafür eher zugänglich und anfällig als andere, auch wenn diese Vulnerabilität erst unter Berücksichtigung persönlicher und struktureller Gegebenheiten vollständig nachvollziehbar wird. Häufig geschieht die Einflussnahme subtil und scheibchenweise. Je mehr wir von diesen Formen der Einflussnahme auf unser affektives Leben und auf unsere

Einstellungen wissen und je mehr wir in der Lage sind, sie situativ in unserem Alltagshandeln zu erkennen, desto besser können wir entscheiden, welchen Einflüssen wir uns wirklich aussetzen wollen. Unter Umständen ist es dann geboten, bestimmte soziale Netzwerke oder Peergroups – insbesondere aber Echokammern – wieder zu verlassen. Entscheidend ist, dass wir Einsicht in die Faktoren gewinnen wollen, die unser affektives Leben wesentlich geprägt haben und prägen.

Im Folgenden betrachten wir nun die gegenläufige Interaktionsform, um unter anderem zu sehen, wie wir selbst Einfluss auf unser affektives Leben, unsere Passionen, Stimmungen und existenziellen Gefühle nehmen können, um gegebenenfalls Faktoren entgegenzuwirken, die uns auf eine Weise geprägt haben, die wir nicht (mehr) für authentisch halten und für uns nicht länger akzeptieren wollen. Zugleich geht mit dieser Form der Ressourcennutzung die Möglichkeit der Emotionsregulation einher.

## 4.2 Die Nutzung externer Ressourcen zur Regulierung der eigenen Affektivität

Wir unterliegen nicht nur einer Vielzahl von externen Einflüssen, die unsere Gefühlswelt zum einen über einen längeren Zeitraum hinweg prägen und zum anderen zu einem bestimmten Zeitpunkt beeinflussen, sondern haben auch selbst zahlreiche Möglichkeiten, durch eine gezielte Nutzung externer Ressourcen unser affektives Leben in von uns gewünschte Richtungen zu lenken und zu regulieren.

Vermutlich haben Sie in der Vergangenheit bereits von mehreren dieser Möglichkeiten Gebrauch gemacht, ohne bewusst intendiert zu haben, Ihre Gefühle zu regulieren.

Wenn Sie zu einer Wanderung in der Natur aufbrechen, Zeit haben, den Vogelstimmen zu lauschen, sich am bunten Herbstlaub erfreuen, von einem Aussichtspunkt die imposante Landschaft überblicken, lassen Sie Ihren vielleicht stressigen Alltag mit seinen täglichen Herausforderungen für eine Weile hinter sich, sind in der Lage sich ganz dem „Hier und Jetzt" hinzugeben und zu entspannen; Sie spüren, wie sich Ihre Stimmungslage positiv verändert. Sie können aber auch eine ehrwürdige Kathedrale oder eine erhabene Moschee aufsuchen und sich von der Stille und besonderen Atmosphäre der Gebäude ergreifen lassen. In eine ganz andere Stimmung geraten Sie hingegen durch einen Aufenthalt in pulsierenden Städten mit ihren vielfältigen Angeboten, sich zerstreuen oder anregen zu lassen – Cafés, Straßenmusikanten, Geschäfte, Museen. Bei den angeführten Aktivitäten handelt es sich meist um intendierte Interaktionen mit Ihrer Umwelt, die in der Regel Ihre Stimmungslage verändern, auch wenn Sie sie nicht eigens dafür ausgewählt haben, was aber geschehen kann, wenn Sie Ihr affektives Befinden bewusst modifizieren wollen.

Eine andere Form der Nutzung externer Ressourcen ist das gezielte Hören von Musik, sei es bei Konzerten oder über Schallplatten, CDs oder Streamingdienste. Es dürfte klar sein, dass uns – natürlich auch abhängig von unseren Hörgewohnheiten – Gregorianische Chormusik in eine andere Stimmung versetzt als die Ouvertüre zu Wagners *Tristan und Isolde*, ebenso schafft Santanas „Samba pa ti" eine andere Gefühlslage als Rammsteins „Mutter". Wenn wir Streaming-Dienste nutzen, bietet uns das Streamingportal in der Regel weitere Stücke an, abhängig von den zuletzt gehörten und denen, die wir zuvor mit „Likes" versehen haben. Ähnliches gilt für die Auswahl von Filmen: *Peter Pan* von Walt Disney (1953) wirkt anders auf uns als etwa *Tanz der Vampire* von Roman Polański (1967), *Easy Rider* von Dennis Hopper (1969), *Fizzcarraldo* von Werner Herzog (1982) oder *Melancholia* von Lars von Trier (2011).

Die bisher genannten Interaktionen modifizieren Stimmungen in der Regel auf der oberflächlichen Ebene und auch das nur vorübergehend (s. Abschn. 2.3). Eine kleine Aktivität dieses Typs (ein Spaziergang, das Hören geeigneter Musik) könnten der gestresst heimkehrenden Mutter (Fall 2) unter Umständen jedoch schon genügen, um in eine ausgeglichenere Stimmung zu kommen und damit aufnahmefähiger für ihr Kind zu werden.

Einen dauerhaften Einfluss kann dagegen die Gestaltung der Wohnung oder von Hof und Garten haben. Sie können zu Orten des Wohlfühlens werden, die zum Entspannen einladen, aber auch Orte sein, die wehmütige Erinnerungen wecken, vielleicht, weil verschiedene Gegenstände an die schöne gemeinsame Zeit mit einem viel zu früh verstorbenen Partner erinnern. In der Wohnung können sich aber auch Dinge befinden, die an einen Ex-Partner erinnern, der sich in eine andere Person verliebt hat. Die von diesen Dingen immer wieder ausgelösten Gefühle von Einsamkeit, Wut und Eifersucht lassen sich zumindest ein Stück weit durch die Entfernung der Erinnerungsstücke regulieren.

Unser soziales Umfeld stellt eine weitere wichtige Ressource dar, mit der wir interagieren, um Erfreuliches und Leidvolles zu teilen, bestimmten Emotionen Raum zu geben, andere auszuhalten, zu regulieren oder um unser gesamtes Mindset so umzugestalten, dass wir mit bestimmten emotionalen Herausforderungen und Befindlichkeiten besser umgehen lernen.

Jemand, der Techno-Partys besucht, um seine Emotionen ‚auszutanzen', gibt seinen möglicherweise aufgestauten Emotionen auf friedlichem Wege Raum; konträr verhält sich jemand, der andere Personen auf perfide Weise so provoziert, dass er aus deren Reaktion eine gewalttätige Auseinandersetzung anzuzetteln vermag, um damit eigene aufgestaute Aggressionen auszuleben. Das Nutzen dieser Ressourcen muss keineswegs einer bewussten Entscheidung folgen, etwa derart, dass die handelnde Person in einen bestimmten affektiven Zustand geraten möchte und glaubt, diesen durch eine geeignete Handlung herbeiführen zu können. Die Handlungsformen mögen vermeintlichen anderen Gründen folgen und ziehen entsprechende Änderungen im affektiven Bereich schlicht nach sich.

Sehr viel bewusster mag für einen gläubigen Menschen hingegen die Entscheidung sein, in einer Kirche die Gelegenheit zur Beichte wahrzunehmen, um in einem vertrauensvollen Gespräch mit einem Pfarrer die Hintergründe für schon länger bestehende Schuldgefühle zu erörtern und nach Korrekturmöglichkeiten zu suchen. Ein solches Gespräch mag am Ende zu einer größeren Akzeptanz der eigenen Lebensgeschichte führen und damit zugleich emotional entlastend wirken.

Während die gerade angeführten Beispiele für soziale Interaktionen vorwiegend synchroner Natur sind – sie beeinflussen uns in dem Zeitraum, in dem wir interagieren, gibt es auch Interaktionen mit einem diachronen Zeithorizont. Dazu gehört die Aufnahme einer Psychotherapie zur grundlegenden Veränderung des eigenen Mindsets, um bei einer affektiven Störung Unterstützung zu erhalten, z. B. um aus einer depressiven Stimmungslage zu kommen oder starke aggressive Neigungen abzumildern. Für den phobischen Vater, der unter Höhenangst leidet (Fall 1), wäre dies eine Option, um mit seinen unerwünschten Einschränkungen zurechtzukommen.

In diesem Kapitel haben wir gesehen, auf welche Weise externe Faktoren unser affektives Leben beeinflussen und prägen können, aber auch wie wir selbst externe Faktoren gezielt nutzen können, um unsere Emotionen, Stimmungen und existenziellen Gefühle neu auszurichten. Diesem Phänomen wenden wir uns nun noch einmal etwas ausführlicher aus dem Blickwinkel der Emotionsregulation zu, die wir an geeigneter Stelle auf andere affektive Phänomene erweitern.

# 5

# Zur Regulation von Emotionen und anderen affektiven Befindlichkeiten

Der Psychologe James Gross, der als einer der profiliertesten Kenner der Regulation von Emotionen gilt, erklärte einmal, es sei eine der großen Herausforderungen des Lebens, die eigenen Emotionen erfolgreich zu regulieren. Ich möchte hinzufügen: und ebenso Passionen, Stimmungen und existenzielle Gefühle, denn diese beeinflussen oder strukturieren im Hintergrund viele, wenn nicht alle, unserer (emotionalen) Interaktionen mit anderen Menschen und der Welt. Betrachten wir im Folgenden jeweils zuerst, welche Möglichkeiten es nach Gross gibt, Emotionen zu regulieren, um im Anschluss zu prüfen, welche der dabei verwendeten Strategien auch für die Modifikation der anderen affektiven Phänomene hilfreich sein könnten. Die Regulation von Emotionen bezieht sich auf diejenigen Prozesse, durch die wir beeinflussen, welche Emotionen wir haben, wann wir sie haben und wie wir sie erleben und ausdrücken. Gross unterscheidet fünf Typen emotionsregulierender Prozesse, mithilfe derer wir unsere Emotionen orientiert an


A. Stephan, *Gefühle – können wir ihnen trauen?*, #philosophieorientiert,
https://doi.org/10.1007/978-3-662-73285-4_5

ihre Genese beeinflussen können: Situationsauswahl, Situationsmodifikation, Aufmerksamkeitsausrichtung, Neubewertung und Reaktionsmodulation. Wie wir im Folgenden sehen werden, kommen für die Regulation von Stimmungen die gleichen Regulationsstrategien in Betracht, die Gross für Emotionen vorschlägt. Dagegen versuchen wir in der Regel nicht zu bestimmen, wie wir Passionen erleben oder ausdrücken und auch nicht, wann wir sie haben. Bei der Regulation von Passionen geht es allein um die Frage, ob wir sie grundsätzlich haben wollen oder nicht. Das Gleiche gilt für existenzielle Gefühle. Auch hier kann es nur darum gehen, belastende existenzielle Gefühle abzuschwächen oder loszuwerden.

In den ersten beiden Prozessen werden Strategien wirksam, die wir gerade in Abschn. 4.2 als gezielte Nutzung externer Ressourcen kennengelernt haben: die *Situationsauswahl* und die *Situationsmodifikation*. Mit der Auswahl (oder auch der gezielten Vermeidung) einer bestimmten Situation beeinflussen wir, was uns begegnen wird. So macht es beispielsweise einen Unterschied, ob sich ein etwas nervöser Prüfling dazu entschließt, am Vorabend einer wichtigen Klausur zur Entspannung einen längeren Spaziergang zu unternehmen oder zur Ablenkung einen guten Freund zu besuchen, statt die anderen vermutlich ebenfalls aufgeregten Mitglieder seiner Arbeitsgruppe erneut zu treffen und möglicherweise in eine Problemtrance zu geraten (Situationsauswahl). Befinden wir uns bereits in einer bestimmten Situation, so können wir diese in unserem Sinn noch weiter modifizieren. So macht es für den Verlauf der emotionalen Befindlichkeit des Prüflings einen weiteren Unterschied, ob er mit dem Freund zum Beispiel über den letzten gemeinsam gesehenen Film, die nächste Reise oder doch das bevorstehende Examen spricht (Situationsmodifikation). Beide Strategien haben Einfluss darauf, welche emotionalen Vorgänge im Examenskandidaten ausgelöst werden.

Wie wir in Abschn. 4.2 sehen konnten, sind die Situationsauswahl (z. B. der Besuch eines bestimmten Ortes) und die Situationsmodifikation (beim Hören von Musik z. B. das Beenden eines Stückes und Starten eines anderen) zugleich besonders geeignete Formen, unsere Stimmung durch die gezielte Nutzung externer Ressourcen zu modifizieren. Diese Strategien könnten auch ins Spiel kommen, wenn es um die Korrektur von affektiven Anliegen geht (s. Abschn. 2.2), zu denen jemand Abstand gewinnen möchte. Allerdings erweist sich die Regulation von Passionen, zu denen wir auch Liebe und Hass rechnen, als schwieriger und aufwändiger als die von Emotionen und Stimmungen, denn jene lassen sich in der Regel nicht durch das einmalige Auswählen einer geeignet erscheinenden Situation verändern. Wenn sich eine Passion, wie zum Beispiel die vehemente Kritik an den Covid-19-Maßnahmen der Regierung, durch die Mitgliedschaft in einschlägigen Echokammern ausgebildet und verfestigt hat, bestünde eine nachhaltige korrigierende Situationsauswahl nicht nur im kontinuierlichen Berücksichtigen einer breiteren Informationsbasis, sondern vor allem im strikten *Vermeiden* der Echokammern, die in der Vergangenheit die Passion mitgeprägt haben. Auf existenzielle Gefühle trifft das, was für Passionen gilt, in noch stärkerer Weise zu. Diese lassen sich ebenfalls nicht durch die einmalige Auswahl einer bestimmten Situation oder deren Modifikation verändern. Wer sich gleichbleibend in unterschiedlichen sozialen Gruppen nicht akzeptiert und respektiert fühlt (vgl. Fall 3), selbst wenn diese Gruppen Offenheit signalisieren, wird durch die geschickte Auswahl einer bestimmten Situation diese Grundorientierung nicht verändern können. Vielmehr dürfte es nötig sein, für Interaktionen mit anderen die Selbstwahrnehmung neu zu justieren, was vermutlich nur in einem längeren therapeutischen Prozess gelingen dürfte, in dem es jedoch auch auf die Auswahl geeigneter Situationen ankommen wird.

Als dritte Strategie wird die *Aufmerksamkeitsausrichtung* mitunter genutzt, um in einer Situation, in der man sich bereits befindet und die man nicht ohne Weiteres zu seinen Gunsten modifizieren kann, die Aufmerksamkeit auf bestimmte Aspekte der Situation zu lenken, zum Beispiel um sich auf etwas Wichtiges zu konzentrieren oder sich von einer unangenehmen Sache abzuwenden. Vielleicht haben Sie sich in einem Café mit einer Freundin verabredet und freuen sich auf den bevorstehenden Gedankenaustausch, als Ihnen auffällt, dass zwei Tische weiter eine Person sitzt, mit der Sie erst kürzlich einen heftigen Streit hatten, der noch nicht beigelegt ist. In der Folge versuchen Sie, den Blick in Richtung der anderen Person zu vermeiden und sich ganz auf das Gespräch mit der Freundin zu konzentrieren. Falls Sie mit ihr sogar den Platz tauschen, um Ihre Blickrichtung nicht mehr korrigieren zu müssen, wäre dies zugleich eine kleine, aber wirksame Situationsmodifikation. Möglicherweise lag die Strategie der Aufmerksamkeitsausrichtung auch dem Verhalten der Strandgäste zugrunde, die dem im Landesinnern tobenden Waldbrand keine größere Aufmerksamkeit schenkten und sich stattdessen ganz dem betulichen Strandleben hingaben, was ihnen erlaubte, keine Gefühle entwickeln zu müssen, die ihnen den Urlaub hätten verderben können (Fall 7). Eine Ablenkung der Aufmerksamkeit von sehr belastenden Nachrichten kann aber auch ein wichtiger Schutz davor sein, in eine Verzweiflungstrance zu geraten. Denn wir werden täglich mit weltweiten Berichten über fürchterliche Ereignisse konfrontiert, die geeignet sind, in uns eine ganze Reihe negativer Emotionen auszulösen. Da sie jedoch größtenteils in weit entfernten Regionen stattfinden, zu denen keine persönliche Bindung besteht, und da wir auch kaum Möglichkeiten haben, diese Ereignisse positiv zu beeinflussen, mag es gefühlsökonomisch hilfreich sein, sie gar nicht erst an sich herankommen zu lassen, und sich mehr auf das zu konzentrieren, was das Leben von Menschen betrifft, die zum eigenen, auch erweiterten Lebensbereich zählen.

Die Neufokussierung der Aufmerksamkeit hat sich aber auch in der *gewaltfreien Kommunikation*, einer von Marshall Rosenberg entwickelten psychotherapeutischen Methode, bei der Regulation sehr aggressiven Verhaltens bewährt. Eines der Kernprinzipien dieser Methode ist es, beim Erleben starker negativer Emotionen die Aufmerksamkeit auf diejenigen eigenen Bedürfnisse und Anliegen zu richten, die in der gegenwärtigen Situation am meisten frustriert und am wenigsten erfüllt werden. Ist ein Individuum in der Lage, sich seiner frustrierten Bedürfnisse bewusst zu werden, so ist das nächste Ziel, diese den anderen an der Situation beteiligten Personen offen mitzuteilen (was zugleich eine Form der *Situationsmodifikation* ist). Häufig ändern sich Entrüstung, Zorn und Ärger bereits im Akt der Aufmerksamkeitsumlenkung vom ursprünglichen weltbezogenen Ziel der Emotion – den als boshaft, verachtend, geringschätzig oder gar misshandelnd wahrgenommenen Anderen – hin zu den tiefsten unerfüllten Bedürfnissen, die der eigenen heftigen emotionalen Reaktion zugrunde liegen dürften (wie das Bedürfnis nach Respekt, Anerkennung und Unversehrtheit). Der damit einhergehende Selbstbezug verharrt jedoch nicht bei dem eher oberflächlichen Pendant des anfänglichen Gefühls (sich ärgerlich und zornig fühlen), sondern geht den dahinter liegenden unerfüllten Bedürfnissen auf den Grund.

Da sehr starke und wiederkehrende Emotionen auch unsere Stimmungen beeinflussen (großer Ärger führt z. B. leicht zu Gereiztheit), kann die Strategie der Aufmerksamkeitsausrichtung auch genutzt werden, um bestimmten Stimmungen wie z. B. Gereiztheit vorzubeugen (indem sie z. B. möglichen Ärger abschwächt). Sie kann uns aber auch als breit gefächerte Achtsamkeit (*mindfulness*), die der gesamten Fülle des von uns Wahrgenommenen gilt, zu einer

Reduktion von Stress und zu Ausgeglichenheit führen. Zur Veränderung von Passionen, die insbesondere von bestimmten Quellen des sozialen Netzwerkes immer wieder genährt werden, ist ebenfalls eine Neuausrichtung der Aufmerksamkeit – verbunden mit einer entsprechenden Situationsauswahl (siehe oben) – nötig, allein aber natürlich nicht ausreichend.

Analoge Neuausrichtungen der Aufmerksamkeit könnten auch im Falle belastender existenzieller Gefühle hilfreich sein. Dazu müsste es Patienten zunächst gelingen, ihre Aufmerksamkeit von ihren aus der Bahn geratenen existenziellen Gefühlen – wie sich nicht mehr als reale Person zu erleben oder ohne direkten Zugriff auf die Welt zu sein – auf diejenigen Bedürfnisse und Anliegen zu lenken, die gegenwärtig und in der jüngeren Vergangenheit am wenigsten erfüllt werden konnten. Auf diese Weise mag es ihnen gelingen, überhaupt wieder mit zentralen eigenen Gefühlen in Kontakt zu kommen und damit auch sich selbst wieder mehr zu spüren. Im Anschluss daran könnten sich vielleicht auch die existenziellen Gefühle selbst verändern. Die Fallberichte von Simeon und Abugel enthalten Hinweise darauf, dass beispielsweise viele Depersonalisationspatienten kaum Empathie durch ihre engsten Bezugspersonen erhielten, ihr Bedürfnis nach Verständnis und Anteilnahme vermutlich über Jahre hinweg nicht erfüllt wurde. Die vorgeschlagene Form der Vergegenwärtigung unerfüllter Bedürfnisse steht Patienten in akuten Phasen einer schweren Depression (oder in psychotischen Zuständen) jedoch kaum zur Verfügung. Die Öffnung für eine fühlende Bezugnahme auf sich selbst müsste in diesen Fällen erst vorbereitet werden, unter anderem durch eine nachhaltige Veränderung der allgemeinen Lebenssituation, gegebenenfalls im klinischen Setting. Die Strategie der – freilich nachhaltig wirkenden – Situationsauswahl hätte der Strategie der Aufmerksamkeitsausrichtung also vorherzugehen.

Während die ersten drei Strategien darauf abzielen, das zu verändern, was uns widerfährt oder was den Mittelpunkt unserer Wahrnehmung bildet, um in der Folge gewünschte emotionale (oder andere affektive) Reaktionen auszulösen, bewirkt der vierte Regulationsmechanismus eine *kognitive Korrektur*, die durch die Neubewertung der Ereignisse eintritt, die unsere Aufmerksamkeit bereits erhalten haben. Neubewertungsprozesse führen häufig zu einer Veränderung der Bedeutung, die eine bestimmte Situation für uns hat, und können dadurch unsere gesamte emotionale Reaktion verändern (die neurophysiologischen Vorgänge, Mimik und Haltung, Handlungstendenzen und das phänomenale Erleben).

In Abschn. 2.1 sahen wir, dass uns Emotionen sowohl über die Welt als auch über uns selbst informieren. In ihrer Unmittelbarkeit erschließen sie in der Regel beides zugleich – durch meine Furcht erlebe ich eine bestimmte Situation als gefährlich und zugleich mich als verletzlich. Für Neubewertungen bedeutet das, dass die kognitive Korrektur zwei verschiedene Ansatzpunkte haben kann: die äußeren Geschehnisse und/oder die eigene Person. So kann zum Beispiel eine erneute Prüfung der Situation ergeben, dass keine Gefahr droht (die auf den ersten Blick furchteinflößend erscheinenden Gestalten sind die harmlosen Teilnehmerinnen eines Junggesellinnenabschieds), oder sie kann ergeben, dass ich der Situation gewachsen bin (nach der zunächst ernüchternden Sichtung der Examensaufgaben, die mit der Furcht durchzufallen einherging, besinne ich mich darauf, dass ich auch bei früheren Mathematikprüfungen meine Kenntnisse abrufen konnte). Geschehnissen kann aber auch eine neue persönliche Bedeutung gegeben werden, zum Beispiel, indem man einen Verlust als Chance der Reifung begreift. Beispielsweise kann der Verlust des eigenen Arbeitsplatzes aufgrund einer Firmenschließung, der zunächst Ängste und Unsicherheit auslöst, als Chance begriffen werden, sich für einen ganz anderen Arbeitsbereich, z. B. dem der Pflege, ausbilden zu lassen, weil man merkt, dass die helfende Zuwendung zu anderen Menschen sehr viel erfüllender ist als die bisherige eher objektbezogene Arbeit im Maschinenbau. Die in Abschn. 3.2 diskutierte Emotionskorrektur, bei der sich die Freundin bei ihrem Freund, der seine Homosexualität offenbarte, für ihre anfänglich schroffe Zurückweisung entschuldigt und ihm gegenüber Verständnis und Zuwendung signalisiert, ist klarerweise das Resultat einer emotionalen Neubewertung. Dabei können gleichzeitig der Welt- und der Selbstbezug der ersten emotionalen Reaktion nachjustiert worden sein: nämlich zum einen, dass es an homosexuellen Beziehungen nichts zu kritisieren gibt, da sie schlicht eine der in unserer Gesellschaft akzeptierten Lebensformen sind, und zum anderen, dass sie selbst in der Lage ist, ihre Freundschaft ohne jede Einschränkung fortzusetzen. Auch für die gestresst nach Hause kommende Mutter (Fall 2) hätte eine Regulation ihres Ärgers gegenüber ihrem Kind durch Neubewertung eine Option sein können, wenn sie in der Lage gewesen wäre, das etwas laute Verhalten ihres Kindes als ganz im Spiel versunken zu sehen und sich selbst als eine Person, die dieser Situation mit liebender Nachsicht entgegentreten möchte. Dagegen hätte eine Neubewertung der Gefährlichkeit des Gebirgsweges dem akrophobischen Vater (Fall 1) nicht helfen können, seine Panik vor dem vermeintlich steilen Abhang zum Verschwinden zu bringen. Phobische Reaktionen sind in der Regel immun gegenüber einer Neubewertung, sie bedürfen einer längerfristigen therapeutischen Behandlung. Für die trauernden Witwen (Fall 4), die sich in Empörung ergehenden Filmgegner (Fall 5) und einige der radikalen politischen Aktivisten (Fall 6) scheint eine Neubewertung der Geschehnisse schwierig zu sein, da sie die ihren emotionalen Reaktionen zugrunde liegenden Passionen, Normen und Werte so sehr verinnerlicht haben, dass sie nicht zur Debatte zu stehen scheinen. Hier bedürfte es letzten Endes einer Kritik der Lebensform, in der sie beheimatet sind.

Neben den bereits vorgestellten Strategien zur Neubewertung von Situationen nutzen einige Individuen mitunter auch zwei Leugnungsstrategien, um ihre Emotionen zu regulieren. Mit der ersten beziehen sie sich auf Ereignisse in der Welt, die sie verharmlosen oder beschönigen, also wirklichkeitsfremd interpretieren, wobei die Ereignisse durchaus verdient hätten, (heftige) emotionale Reaktionen auszulösen (auch hierfür könnte Fall 7, die verbreitete Emotionslosigkeit gegenüber der Klimakrise, ein Beispiel sein, aber auch so manche Reaktion auf Russlands Angriffskrieg auf die Ukraine könnte sich dieser Strategie bedient haben). Mit der zweiten Strategie nivelliert eine Person die Bedeutung, die eine Situation für sie hat, indem sie sich in die Rolle eines distanzierten und unbeteiligten Beobachters begibt, obwohl sie *de facto* von den Ereignissen betroffen ist (auch diese Strategie könnte Fall 7 zugrunde liegen). Beide Leugnungsstrategien sind jedoch nicht angezeigt, wenn uns daran liegt, unseren Gefühlen trauen zu können.

Die Regulierungsbedürftigkeit einer Passion drängt sich in der Regel nicht von selbst auf. Sie kann aber durch die Neubewertung einer Situation, in der sich jemand aufgrund seiner affektiven Anliegen wiederfindet (wie in den Fällen 5 und 6) zum Thema werden. Ohne die Einsicht oder zumindest Vermutung, dass einige der eigenen affektiven Anliegen und die daraus resultierenden emotionalen Reaktionen überzogen, unangebracht oder sogar gesellschaftlich schädlich sind (wie die Teilnahme an Demonstrationszügen, bei denen Galgen mitgeführt werden, an denen Politiker-Puppen baumeln), dürfte es nicht zu einer anderen Haltung bezüglich bestimmter Dinge (z. B. einer Akzeptanz bestimmter politischer Entscheidungen) kommen. Ob jedoch eine rein kognitive

Neubewertung ausreicht, eine Passion zu verändern oder aufzulösen, ist äußerst fraglich, denn Leidenschaften, die einen Menschen einmal ganz erfasst haben, sind auch durch neue Einsichten nur schwer zu korrigieren, sie sind ‚klebrig', bestehen affektiv fort, selbst wenn es zu ersten kognitiven Erschütterungen kommen mag. Am Ende müssen sie – z. B. durch eine kontinuierliche soziale Neuausrichtung (unter Beteiligung der ersten drei Strategien) – auch affektiv verändert werden.

Stimmungen sind ebenfalls vergleichsweise robust im Hinblick auf kognitive Korrekturen. Organismische Faktoren (wie Allergien oder sportliche Betätigungen) und Umweltreize (wie schwülwarmes Wetter oder beschauliche Landschaften), die unsere Stimmungen beeinflussen, lassen sich in der Regel nicht kognitiv korrigieren. Die Neubewertung *einzelner* Ereignisse oder *spezifischer* Situationen hat allenfalls einen mittelbaren Einfluss auf unsere Stimmungslage, insofern sie zu einer Veränderung der Emotionen führen mag, die sich auf die Stimmung auswirken könnten. Dagegen könnte die Neueinschätzung der persönlichen existenziellen Situation oder der *allgemeinen* politischen Lage die tieferen Schichten unserer Stimmungen nachhaltig beeinflussen.

Keine der oben genannten Strategien scheint jedoch im Falle von existenziellen Gefühlen zu greifen. Denn dies würde voraussetzen, dass eine Neubewertung (der Situation) das Gefühlsleben nachhaltig beeinflussen kann. Diejenigen, die unter belastenden existenziellen Gefühlen leiden, wissen jedoch in der Regel, dass das, was sie empfinden, nicht der Wirklichkeit entspricht: So wissen Patienten, die unter einer Depersonalisationsstörung leiden, dass sie nach wie vor diejenige Person sind, die in ihrer Geburtsurkunde ausgewiesen ist, auch wenn sie sich fremd, unwirklich und leblos fühlen. Analoges gilt für Patienten mit schweren Depressionen oder Derealisationsstörungen. Was diese Menschen unter anderem vermissen, ist ihre frühere normale Befindlichkeit, in der sie emotionale Höhen und Tiefen empfanden und sich als Zentrum ihrer Tätigkeiten erlebten, als reale Akteure in einer realen Welt (und nicht etwa als gefühlslose Marionetten in einer Theateraufführung). Aber weder die Überzeugung, dass es sich *de facto* anders verhält, noch der starke Wunsch, dass der alte Realitätssinn zurückkehren möge, können die veränderte existenzielle Gefühlslage beeinflussen. Diese bleibt trotz besseren Wissens stabil und erscheint damit ‚verkapselt' im Hinblick auf kognitive Zugriffe. Insgesamt ist damit festzuhalten, dass kognitive Neubewertungen in den Situationen erfolglos bleiben, in denen gegenläufige Überlegungen und Einsichten bereits parallel zu belastenden existenziellen Gefühlen bestehen, diese aber nicht modifizieren können.

Das fünfte Stadium der Emotionsregulation umfasst nach Gross den Zeitraum, in dem emotionale Reaktionen einzusetzen beginnen. Die sogenannte *Reaktionsmodulation* zielt auf eine Abschwächung oder die vollständige Vermeidung des Ausdrucksverhaltens und das Außerachtlassen möglicher Handlungstendenzen ab, sei es durch den Beschluss, sich in einer gegebenen Situation „nichts anmerken zu lassen" (z. B. in einer schwierigen Verhandlung), oder nachdem man einer emotionalen Regung gewahr wurde und vielleicht merkt, dass diese nicht passt. In der Regel werden damit jedoch weder die physiologischen Reaktionen noch der phänomenale Erlebnischarakter der Emotion beeinflusst, die beide unserer willentlichen Kontrolle weitgehend entzogen sind. Die Strategie der Ausdrucksunterdrückung eignet sich daher nicht, um einem emotionalen Prozess einen grundlegend anderen Charakter zu geben. Sie könnte uns allerdings Zeit verschaffen, unsere emotionale Reaktion zu überdenken und gegebenenfalls zu einer neuen Bewertung der Situation zu gelangen. In den übrigen Fällen dient sie vor allem dazu, die in einer sozialen Gruppe bestehenden Gefühlsregeln zu befolgen, die auch deren

Ausdrucksformen festlegen: Welcher Emotion kann auf welche Weise und in welcher Intensität Ausdruck verliehen werden? So waren einige der (in Fall 4 beschriebenen) Witwen offensichtlich einem familiär-sozialen Druck ausgesetzt, in ihrer Trauer bestimmte emotionale Facetten (wie Wut, Ärger, unstillbare Sehnsucht) nicht zu zeigen. Ob sie diese Emotionen zunächst empfanden und dann unterdrückten (Reaktionsmodulation) oder – aufgrund ihrer familiären Prägung – gar nicht erst empfinden konnten, geht aus den vorliegenden Studien nicht hervor. Fehlt die Wahrnehmung der Emotion, so können die physiologischen Reaktionen deutlich länger fortbestehen als bei normalen emotionalen Reaktionen und in ungünstigen Fällen gesundheitlich schädigend wirken (vgl. den in Abschn. 3.1 vorgestellten Patienten Hanscarl Leuners).

Die Reaktionsmodulation ist auch keine Option zur Regulation von Passionen und existenziellen Gefühlen: Da weder affektive Anliegen noch existenzielle Gefühle ein charakteristisches Ausdrucksverhalten involvieren, gibt es in ihrem Falle nichts, was unterdrückt werden könnte: Es gibt einfach keine typischen körperlichen Ausdrucksformen für Zustände wie zum Beispiel sich unvertraut, ausgeschlossen, fremd oder unwirklich zu fühlen. Ebenso wenig kann der gegebenenfalls belastende Erlebnischarakter existenzieller Gefühle unterdrückt werden: Es steht nicht in unserer Macht zu beschließen, solche Gefühle nicht zu haben. Bei Stimmungen ist das etwas anders. Zumindest einige haben ein typisches Ausdrucksverhalten und einiges davon mag man mit etwas Anstrengung auch vor anderen Menschen verbergen können, nur ändert sich dadurch in der Regel die Stimmung (mit ihren Auswirkungen auf Emotionen) nicht.

In Tab. 5.1 sind die fünf Prozesse der Regulation von Emotionen, Stimmungen, Passionen und existenziellen Gefühlen in ihrer zeitlichen Dynamik gelistet und mit Fragen, die sich einem dazu stellen könnten, ergänzt. Jeder

**Tab. 5.1** Fünf Prozesstypen der Emotionsregulation mit Beispielen

| **Prozesstyp** | **Situations-auswahl** | **Situations-modifikation** | **Aufmerksamkeits-ausrichtung** | **Kognitive Korrektur** | **Reaktionsmodifikation** |
|---|---|---|---|---|---|
| Fragen an mich | Welche Situation würde mir guttun? | Welche Änderung in der Situation würde mir guttun? | Worauf möchte ich meine Aufmerksamkeit richten? | Gibt es gute Gründe, die Situation neu zu bewerten? | Kann ich mein emotionales Ausdrucksverhalten einschränken oder unterdrücken? |
| Beispiele | Wanderung | Ausruhen an einem See | Betrachten der Schwäne | ./. | ./. |
| | Treffen mit einem Freund | Gespräch über die letzte Reise | ./. | Verhalten des Kindes ist nicht provozierend | Innehalten und Schimpfen unterlassen |
| | Surfen im Internet | Vermeidung von Echokammern | Auswahl seriöser Informationen | Kritik an den politisch Ver-antwortlichen mäßigen | Meidung verunglimpfender Protestzüge |
| | Beginn einer Psychotherapie | | Eigene Bedürfnisse und Anliegen herausfinden | Ehemann fuhr viel zu schnell mit dem Motorrad | Zulassen der Wut auf den Verstorbenen |

Prozess wird durch Beispiele illustriert, die sich in einigen Zeilen weiter fortsetzen und eine mögliche Reihe bilden.

Was haben wir bisher gesehen? Wir haben einige Fälle kennengelernt, in denen wir unseren Gefühlen vielleicht nicht wirklich vertrauen sollten. Zugleich haben wir gesehen, dass wir alle in unserem Emotions- und Gefühlsrepertoire durch die sozialen Gruppen geprägt werden, die in unserem Leben eine wichtige Rolle spielen. Das bedeutet jedoch nicht, dass wir auch künftig den dadurch vermittelten Gefühlsregeln unhinterfragt folgen müssen. Zu verstehen, was uns geprägt hat, gibt uns zugleich Möglichkeiten in die Hand, hie und da etwas zu verändern. Auch in dieser Hinsicht haben wir sehen können, welche Ressourcen wir nutzen können, um unser Gefühlsleben zu beeinflussen. Und schließlich haben wir noch ganz allgemein durchforstet, welche Regulationsstrategien im Hinblick auf unsere Emotionen, Passionen, Stimmungen und existenziellen Gefühle genutzt werden können, um sie in unserem Sinne zu beeinflussen, in schwierigeren Fällen unter Mithilfe psychotherapeutischen Personals. Abschließend besinnen wir uns nun noch einmal auf besonders prägnante Faktoren, die einen mitunter größeren Einfluss auf unser Gefühlsleben haben, als uns lieb ist und überlegen, was wir korrigierend tun könnten.

# 6

# Was wir tun können, um das Vertrauen in unsere Gefühle zu fördern

Zu Beginn des Buches habe ich erklärt, dass es auf die Frage, ob wir unseren Gefühlen trauen können, keine eindeutige Antwort gibt, dass ‚meistens' aber gut treffen werde. Im weiteren Verlauf der Untersuchung ging ich davon aus, dass wir unseren Gefühlen sehr häufig in dreierlei Hinsicht trauen können: im Hinblick auf die Verlässlichkeit unseres Zugangs zu ihnen; im Hinblick darauf, dass das, was wir fühlen, im Einklang damit steht, wie wir uns selbst verstehen wollen; und im Hinblick darauf, dass uns unsere Gefühle angemessen über uns sowie über Vorkommnisse in der Welt informieren. Herausgearbeitet habe ich vor allem diejenigen Aspekte, die zu Misstrauen Anlass geben können. Davon Kenntnis zu haben, erlaubt es uns, vorbeugend oder begleitend zu handeln, um die Anzahl der Situationen zu verringern, in denen wir kein Vertrauen in unsere Gefühle haben sollten. Führen wir uns die drei Hinsichten abschließend noch einmal vor Augen.

Erstens haben die meisten von uns in der Regel einen recht guten Zugang zu ihrer Gefühlswelt, sie wissen mehr


A. Stephan, *Gefühle – können wir ihnen trauen?*, #philosophieorientiert, https://doi.org/10.1007/978-3-662-73285-4_6

oder weniger präzise, in welcher Stimmung sie sind und welche Emotion sie erleben. Aber etwa 10 % der Gesamtbevölkerung in Deutschland sind von einer Alexithymie betroffen und können das, was sie fühlen, kaum oder nicht identifizieren und in emotionalen Begriffen beschreiben. In besonders herausfordernden Situationen mögen darüber hinaus Menschen durch ein Gefühlschaos verwirrt werden oder angesichts einer Gefühlsvagheit ihre emotionale Orientierung verlieren. Aber im Prinzip verfügt die Mehrzahl von uns über einen verlässlichen Zugang zu ihrer Affektivität. Auch können viele Individuen ihre Emotionen sehr feinkörnig erfassen und benennen, andere mögen nur einen eher grobkörnigen Zugang zu ihren Emotionen haben. Das muss jedoch nicht so bleiben. Denn wir sind durchaus in der Lage, die Granularität des Zugangs zu unseren Gefühlen zu steigern, was durchaus hilfreich ist. Denn je präziser wir in der Lage sind anzugeben, was wir in bestimmten Situationen fühlen, desto höher ist die Wahrscheinlichkeit, dass wir taugliche Handlungsoptionen für uns entwickeln können.

Zweitens sind die meisten unserer Emotionen in dem Sinne authentisch, dass sie mit unserem Selbstverständnis im Einklang stehen. Sie bringen unsere Einstellungen in Bezug auf Vorkommnisse in der Welt so zum Ausdruck, dass wir uns damit identifizieren können. Ausnahmen dürfte es vor allem im Hinblick auf Wertvorstellungen geben, die schon in unserer Kindheit im familiären, kulturellen und religiösen Kontext, in dem wir aufwuchsen, angelegt und verinnerlicht wurden und dadurch unser unmittelbares emotionales Reagieren auch später noch prägen können. Manchmal nehmen wir als reflektierende Erwachsene Abstand zu einigen dieser gesellschaftlichen Vorgaben und akzeptieren sie nicht mehr als Normen, denen wir folgen möchten. Dennoch kann es vorkommen, dass unsere sich teils unbewusst entfaltende Emotionalität noch den ursprünglichen Gefühlsregeln folgt. In diesen Fällen bedarf es einer Neubewertung der Situation, um wieder in Einklang mit sich selbst zu kommen (die vierte Strategie der Emotionsregulation). Sobald wir uns einer Spannung zwischen unseren Emotionen und unserem Selbstverständnis bewusst werden, kann ein erster Schritt sein zu versuchen, unser emotionales Reagieren zu verlangsamen und den Emotionen weniger Ausdruck zu verleihen (die fünfte Strategie der Emotionsregulation), um im Anschluss an eine Neubewertung zu einer emotionalen Reaktion zu gelangen, mit der wir uns voll und ganz identifizieren können.

Drittens steht außer Frage, dass uns unsere Gefühle sehr häufig angemessen über Vorkommnisse in der Welt informieren. Die in Kap. 3 angeführten Fallbeispiele sind dazu gedacht, auf einige typische Situationen aufmerksam zu machen, in denen die emotional Reagierenden nicht ganz sicher sein können, dass ihnen ihre Gefühle die Welt in der richtigen Weise präsentieren. Auch unbeteiligte Dritte könnten in diesen Fällen zu der Meinung gelangen, an den emotionalen Reaktionen der Betreffenden sei etwas fragwürdig. In allen diesen Fällen scheinen andere (affektive) Faktoren mit unseren Emotionen zu interferieren und diese in gewisser Weise zu ‚beherrschen'. In den Kap. 4 und 5 haben wir zum einen sehen können, wie es zu einigen dieser ‚Herrschaftsverhältnisse' kommen kann, zum anderen aber auch, wie wir uns davon teilweise befreien können. Wir sahen dies in den folgenden Fällen, die allerdings nicht den Anspruch auf Vollständigkeit erheben:

- Emotionalität unter der Herrschaft von Phobien
- Emotionalität unter der Herrschaft starker Stimmungen
- Emotionalität unter der Herrschaft negativer existenzieller Gefühle
- Emotionalität unter der Herrschaft einschränkender familiärer Gefühlsregeln

- Emotionalität unter der Herrschaft religiöser und gesellschaftlicher Normen
- Emotionalität unter der Herrschaft von Meinungsmachern in Echokammern
- Fehlende Emotionalität unter der Herrschaft eines vermeintlich unbesorgten Lebens

*Emotionalität unter der Herrschaft von Phobien.* Befürchtungen, Ängste und Panikattacken, die im Rahmen von verschiedenen Phobien (sei es vor großen Höhen, vor Berührungen, vor großen freien Plätzen oder Menschenansammlungen) auftreten, bedürfen in der Regel psychotherapeutischer Hilfe; in diesen Fällen dürfte eine ‚Selbstbehandlung' nicht zu einem Verschwinden der Symptomatik führen. Eine geschickte (oder vermeidende) Situationsauswahl kann allenfalls dazu beitragen, dass es zu weniger Attacken kommt, zugleich geht damit aber auch eine Einschränkung der Lebensoptionen einher.

*Emotionalität unter der Herrschaft starker Stimmungen.* Wenn wir bemerken, dass wir unter dem Einfluss starker Stimmungen auf ein Ereignis in einer Weise emotional reagieren, die nicht angemessen erscheint, könnten wir uns zunächst bemühen, unseren emotionalen Ausdruck abzuschwächen, um im Anschluss gegebenenfalls zu einer neuen Bewertung der Situation zu gelangen. Zusätzlich können wir versuchen, unsere Stimmungslage durch eine geeignete Situationsauswahl oder Situationsmodifikation zu verändern (Strategien 1 und 2 der Emotionsregulation). Damit lässt sich zwar nicht mehr die unmittelbar gezeigte emotionale Reaktion aus der Welt schaffen, aber man kann diese etwas einhegen, um ein wenig Zeit bitten und schließlich darauf zurückkommen (unter Umständen auch um Entschuldigung bitten, wenn man gemerkt hat, dass die Reaktion völlig unangemessen war).

*Emotionalität unter der Herrschaft negativer existenzieller Gefühle.* Emotionale Reaktionen und Haltungen, die unter dem Einfluss negativer existenzieller Gefühle entstehen, wie beispielsweise sich nicht anerkannt zu fühlen oder keine Offenheit zu spüren, können kaum schnell behoben werden, wenn es sich um wiederkehrende Erfahrungen handelt. Auch hier ist vermutlich eine psychotherapeutische Begleitung nötig, um stabile existenzielle Orientierungen aufzubrechen.

*Emotionalität unter der Herrschaft einschränkender familiärer Gefühlsregeln.* Anders verhält es sich mit dem verhinderten Ausdruck von Gefühlen aufgrund vorherrschender familiärer (oder kultureller) Gefühlsregeln. Durch diese können bestimmte Emotionen tabuisiert sein, sie treten dann gar nicht mehr als Gefühlsoption ins Bewusstsein der Betroffenen. Wenn man selbst Teil einer solchen Konstellation ist, dürfte es sehr schwer sein zu erkennen, dass die eigenen Gefühle einer solchen Tabuisierung unterliegen. Vielleicht wird man durch andere Personen darauf aufmerksam gemacht, dann hätte man eine Chance, daran zu arbeiten und Gefühlen nachzuspüren, die bisher nicht zum eigenen Repertoire (sei es generell oder in bestimmten Situationen) gehörten.

*Emotionalität unter der Herrschaft religiöser und gesellschaftlicher Normen.* Einige andere unserer Gefühle reflektieren die von uns akzeptierten kulturellen, religiösen, gesellschaftlichen oder familiären Normen. Meistens erleben wir solche Gefühle voller Überzeugung und fühlen uns in diesen auch zu Hause. In eher seltenen Fällen mögen wir jedoch gute Gründe haben, bestimmte tradierte Normen, Wertvorstellungen oder Konventionen nicht mehr anzuerkennen. Auch dann ist es nicht ganz einfach, die zuvor verinnerlichten Prinzipien auch affektiv außer Acht zu lassen. Mitunter bedarf es dazu einer bewussten Neubewertung der Situation, in der wir spontan bereits emotional reagiert haben. Bei Begegnungen mit Menschen aus anderen Kulturen kann es hilfreich sein, sich bewusst zu machen, dass diese mitunter anderen Gefühlsregeln folgen und auch manches Ereignis anders bewerten werden. Die Frage nach der Angemessenheit emotionaler Reaktionen ist daher mitunter kulturell zu verankern. Möglicherweise mündet sie dann jedoch in einer Kritik von bestimmten Lebensformen, die mit für uns inakzeptablen Normen und Wertvorstellungen verbunden sind.

*Emotionalität unter der Herrschaft von Meinungsmachern in Echokammern.* Ein zunehmend wichtiger werdender Aspekt ist der Einfluss, den Echokammern, Influencer und Meinungsmacher auf unser Gefühlsleben ausüben. Unsere Emotionen können angesichts der Informationen und Aufrufe, die wir aus diesen Quellen erhalten, auf den ersten Blick angemessen erscheinen. Wenn wir jedoch bereit sind zu überprüfen, ob die Welt wirklich so beschaffen ist, wie die Quellen suggerieren, kann es sich öfter herausstellen, dass die Informationen schlicht nicht stimmen, auf den zweiten Blick sind unsere Emotionen dann nicht angemessen, sie sind nicht korrekt. Hier liegt der interessante Fall vor, dass es nicht wirklich unsere Gefühle sind, denen nicht zu trauen ist, unsere Emotionalität funktioniert adäquat, sondern die Informationen und verbunden mit diesen, vielleicht unsere Passionen, die unsere Gefühle auslösen. Mittelbar ist dann natürlich auch unseren Gefühlen nicht zu trauen. Aber diese reagieren, genau betrachtet, nicht falsch auf eine vermeintliche Weltlage, die Weltlage wurde bewusst falsch dargestellt. Die Frage, die wir uns in solchen Situationen stellen müssen, ist dann, wie sehr wir bereit sind, unsere Passionen neu zu überdenken und vielleicht Abstand zu bestimmten Informationsquellen zu nehmen, und stattdessen andere seriösere Informationsquellen zu berücksichtigen. Angesichts der weltweit zunehmenden Fake News, die bewusst gestreut werden, tragen wir eine große Verantwortung dafür, durch welche sozialen Medien wir uns informieren und wie wir uns davon affektiv beeinflussen lassen.

*Fehlende Emotionalität unter der Herrschaft eines vermeintlich unbesorgten Lebens.* Schließlich haben wir Fälle kennengelernt, in denen wir (gesellschaftlich) einer „Alexithymie" zu unterliegen scheinen, es ist ein Ausweichen vor dem, was uns Sorgen machen oder gar zur Verzweiflung treiben müsste. Insofern ist nachvollziehbar, dass viele Menschen vor diesen Entwicklungen die Augen verschließen. Und bei der großen Vielzahl von Schreckensmeldungen, die uns täglich erreichen, kann es auch Teil der psychischen Hygiene sein, sorgfältig auszuwählen, welche davon wirklich unsere volle gefühlsmäßige Anteilnahme erhalten sollten. Gesellschaftlich bedeutsamer als fehlende Gefühle sind freilich fehlende Handlungen. Handlungen, die helfen könnten, schädlichen Entwicklungen entgegenzuwirken. Aber ohne die Unterstützung durch Gefühle entstehen offenbar auch keine nachhaltigen Handlungstendenzen.

...

Ich wünsche Ihnen, dass Sie Ihren affektiven Gefühlen sehr häufig und zu Recht Ihr Vertrauen schenken können.

# Glossar und weiterführende Erläuterungen

**Adaptive Präferenz** Der Begriff „**adaptive Präferenz**" geht auf Jon Elster (1982) zurück, der mit diesem in Anlehnung an Äsops Fabel vom Fuchs und den sauren Trauben einen Prozess bezeichnet, der die Wünsche und Erwartungen einer Person so moduliert, dass sie an deren Möglichkeiten angepasst sind: Dem Fuchs scheint ja nichts vorenthalten zu werden, wenn er die Trauben sowieso für sauer hält. In zwischenmenschlichen Konstellationen sind es meist Personen in nachrangigen Positionen, die ihre Ambitionen an die Gepflogenheiten ihrer sozialen Umgebung anpassen, während ihre ursprünglichen Wünsche und Bedürfnisse aus ihrem Blickfeld verschwinden. Wenn dadurch zugleich ihre Möglichkeiten eingeschränkt werden, ihrer Unzufriedenheit über die unbefriedigt bleibenden ursprünglichen Wünsche emotional Ausdruck zu verleihen, kann dies als ein Fall von affektiver Ungerechtigkeit diagnostiziert werden.

**Affekt** Während der Ausdruck „**Affekt**" in den meisten Diskursen eine heftige, teils unkontrollierte emotionale Reaktion beschreibt, wie in dem Satz „die Person handelte im Affekt", bezeichnet der Ausdruck in den Kulturwissenschaften einen



A. Stephan, *Gefühle – können wir ihnen trauen?*, #philosophieorientiert, https://doi.org/10.1007/978-3-662-73285-4

eher diffusen gefühlsmäßigen Zustand, der vom Subjekt zwar erlebt, aber noch nicht begrifflich eingeordnet werden kann. Im Unterschied zu diesen Verwendungsweisen fungiert „**affektiv**" als Oberbegriff für eine ganze Reihe von Gefühlen. Emotionen, Stimmungen, Passionen, existenzielle Gefühle, aber auch Schmerzen gehören zum Bereich des **Affektiven**.

**Affektive Ungerechtigkeit** Wenn dominante Mitglieder einer Gesellschaft die Angehörigen von marginalisierten Bevölkerungsgruppen systematisch daran hindern, ihren gesellschaftlichen Erfahrungen emotional Ausdruck zu verleihen (z. B. voller Zorn), werden diese in ihren Fähigkeiten als affektive Wesen beeinträchtigt, was als **affektive Ungerechtigkeit** angesehen wird (Srinivasan 2018; Archer & Mills 2019). Zu affektiver Ungerechtigkeit kommt es auch, wenn durchaus fragwürdige Gefühlsregeln dominanter Gesellschaftsgruppen allen Mitgliedern der Gesellschaft aufoktroyiert werden oder wenn persönliche Erfahrungen von Unterdrückung nicht berücksichtigt werden. In den letzten Jahren ist ein rasanter Anstieg an Untersuchungen zu weiteren Fällen von affektiver Ungerechtigkeit zu verzeichnen (für weitere Beispiele und Literaturhinweise sowie eine kritische Bestandsaufnahme, s. Sven Walter 2026).

**Affektstörung** Mit **Affektstörungen** gehen Veränderungen der Gefühlslage einher, die lange Phasen von übermäßig gedrückter Stimmung (Depression) oder gesteigert euphorischer Stimmung (Manie) oder beide im Wechsel (bipolare Störung) umfassen können.

**Alexithymie** Die ersten Arbeiten über **Alexithymie** sind von Peter Emanuel Sifneos (1973) und – noch ohne die Verwendung des Begriffs – von John Case Nemiah und Sifneos (1970). Einen Bogen zur gegenwärtigen philosophischen Debatte über Emotionen schlagen Sara Dellantonio und Luigi Pastore (2023). Zur Verteilung der Alexithymie in der Gesamtbevölkerung liegen nur wenige Studien vor. Die epidemiologische Untersuchung von Matthias Franz und anderen (2008) ergab, dass etwa 10 % der Gesamtbevölkerung in Deutschland von einer Alexithymie betroffen ist, wobei die

Anzahl der Männer leicht über der Anzahl der Frauen liegt und Individuen mit geringer Bildung und niedrigem sozialökonomischem Status insgesamt häufiger vertreten sind. Hanscarl Leuners Bericht über seinen Patienten mit einer psychosomatischen Herzerkrankung ist in seinem *Lehrbuch des Katathymen Bilderlebens* zu finden (1985, S. 183 f.).

Amygdala Die **Amygdala** (oder der Mandelkern) gehört in doppelseitiger Ausbildung zum limbischen System, einem phylogenetisch sehr alten Teil des Gehirns, und ist neben verschiedenen kortikalen Gebieten an der emotionalen Bewertung und Wiedererkennung von Situationen, insbesondere von Gefahren, wesentlich beteiligt. Patienten, bei denen die Funktion der Amygdala beidseitig gestört ist, zeigen keine Furchtreaktionen mehr. Joseph LeDoux hat durch eine Vielzahl an Untersuchungen am Gehirn der Ratte zeigen können, dass es unterschiedliche Wege der Reizverarbeitung nach einer Furchtkonditionierung mit akustischen Signalen gibt: eine schnelle und ungenaue Verarbeitungsbahn, die den auditorischen Kortex umgeht, sowie eine langsamere, die ihn einschließt und sehr viel differenziertere Reaktionen erlaubt (LeDoux 2001, S. 163–183; vgl. auch Stephan 2008). Für komplexe emotionale Reaktionen ist der Kortex, durch den erst präzise Bewertungen einer Situation erfolgen können, unverzichtbar.

Angemessenheit von Emotionen In der Debatte zur **Angemessenheit von Emotionen** gehört der Artikel von Justin D'Arms und Daniel Jacobson (2000) zu den klassischen Texten, in denen sie vor allem den Unterschied zwischen korrekten (*fitting*) und moralisch angemessenen Emotionen herausarbeiten. Aber auch prudenzielle Aspekte finden Berücksichtigung. Julien Deonna und Fabrice Teroni (2012, S. 6–7) beleuchten darüber hinaus epistemisch angemessene Emotionen. Der Ausdruck ‚epistemisch' bedeutet in diesem Zusammenhang „auf die Erkenntnislage eines Individuums mit dem ihm in der aktuellen Situation zur Verfügung stehenden (vermeintlichen) Wissen bezogen". Ich selbst (Stephan 2017b) habe versucht, Grenzen des Korrektheitsansatzes aufzuzeigen, wenn es um emotionale Reaktionen geht, die sehr stark durch kulturelle Normen geprägt sind. Was benötigt wird, ist eine konsequente Ausweitung von Angemessenheitsfragen auf Lebensformen (und deren Kritik), wozu Imke von Maur (2021) eine sehr gute Basis liefert. Relevant dafür ist auch das Buch *Kritik von Lebensformen* von Rahel Jaeggi (2013).

**Barbie-Film** Über die reichlich bizarr anmutenden Reaktionen auf den **Barbie-Film** berichteten unter anderem Veronika Kracher (2023) und Conor Murray (2023).

**Borderline-Persönlichkeitsstörungen** **Borderline-Persönlichkeitsstörungen** gehen mit starken Stimmungsschwankungen einher. Betroffene verhalten sich auffallend impulsiv, werden oft von einer Sekunde auf die andere wütend oder brechen in Tränen aus. Sie spüren fortwährend einen inneren Druck, den sie zu bewältigen versuchen, indem sie extreme Situationen herbeiführen, die sie selbst kontrollieren können (wie z. B. Selbstritzungen). Eine ausführliche Darstellung gibt Geppert (2019).

**Capgras-Syndrom** Das **Capgras-Syndrom** stellt eine sehr seltene psychiatrische Störung dar, bei der davon Betroffene davon überzeugt sind, dass ihnen nahestehende Personen (wie Familienmitglieder) durch identisch aussehende Doppelgänger ersetzt wurden. Es wurde nach dem französischen Psychiater Joseph Capgras (1873–1959) benannt. Das **Cotard-Syndrom** ist eine andere Form des Wahns, bei dem die Betroffenen davon überzeugt sind, tot zu sein oder nicht zu existieren. Manchmal glauben sie, zu verwesen oder ihr Blut und innere Organe verloren zu haben. Es wurde nach dem französischen Neurologen Jules Cotard (1840–1889) benannt, der diesen seltenen Zustand als erster beschrieb. Die von einer **Derealisationsstörung** Betroffenen haben das Gefühl, als seien sie von ihrer Umgebung wie durch einen Nebel oder einen Schleier getrennt. Die Welt erscheint ihnen unwirklich, leblos, farblos oder künstlich. In einer **Depersonalisationsstörung** kommen sich die Betroffenen wie ein außerhalb ihrer selbst stehender Beobachter vor, sie fühlen sich unwirklich, gefühllos und distanziert, manchmal wie ein

Automat. Ausführliche Auskunft über Depersonalisation geben Daphne Simeon und Jeffrey Abugel (2006) sowie Mauricio Sierra (2009). In allen vier psychiatrischen Störungen gehen die gewohnten Gefühle der Vertrautheit (gegenüber nahestehenden Menschen, gegenüber sich selbst oder gegenüber Vorkommnissen in der Welt) verloren.

**Charakterzüge** Generell sind **Charakterzüge** (engl. *traits*) stabile Persönlichkeitsmerkmale, die dem Verhalten eines Menschen Kohärenz verleihen, indem sie ihn dazu disponieren, in ähnlichen Situationen auch ähnlich zu reagieren. In unserem Kontext geht es vor allem um diejenigen Dispositionen einer Person, die sie auf eine gegebene Situation in der für sie charakteristischen Weise emotional reagieren lässt, wie sich leicht zu empören, leicht Sorge zu empfinden oder sich schnell freudig mitreißen zu lassen. Die Charakterzüge selbst werden nicht empfunden, allenfalls werden wir uns ihrer durch genau die Emotionen bewusst, durch die sie besonders häufig und leicht manifest werden (s. Fréchette 2023).

In der Persönlichkeitspsychologie wird die Persönlichkeit eines Menschen sehr viel umfassender in den Blick genommen. Besondere Beachtung erhält dort das Fünf-Faktoren-Modell (die *Big Five*), um die Persönlichkeit eines Menschen zu beschreiben (Zimbardo & Gerrig 1999, S. 524–525): *Extraversion* (gesprächig, energiegeladen vs. ruhig, reserviert); *Verträglichkeit* (freundlich, mitfühlend vs. kalt, streitsüchtig); *Gewissenhaftigkeit* (organisiert, verantwortungsbewusst vs. sorglos, leichtfertig); *Emotionale Stabilität* oder *Neurotizismus* (stabil, zufrieden vs. labil, launenhaft); *Offenheit für Erfahrungen* (kreativ, intellektuell vs. oberflächlich, einfach). Nicht alle dieser Merkmale haben einen unmittelbaren Bezug darauf, wie wir neue Ereignisse emotional verarbeiten.

**Echokammer / epistemische Blase** Einen wegweisenden theoretischen Artikel zum Unterschied von **epistemischen Blasen** und **Echokammern** hat C. Thi Nguyen (2020) verfasst. Der Formel-1-Paddock™-Club bietet „ultimativen Luxus" für Formel-1-Enthusiasten: Direkt über den Boxen der Teams gelegen, hat man eine „einmalige Aussicht auf die Boxenstopps sowie den Start und das Ende des Rennens. Rebecca Watzlawek (2023) hat Nguyens Charakterisierung von Echokammern um affektive Faktoren ergänzt. Die Nutzung von Echokammern zur Dehumanisierung von anderen Menschen haben Daniele Valentini (2022) im Hinblick auf Migranten und Watzlawek (2025, S. 109–111) im Hinblick auf Frauen dargestellt. Dass Echokammern auch Orte sein können, in denen Mitglieder Geborgenheit erleben können, obwohl der Einfluss insgesamt schädlich für sie ist, zeigen am Beispiel von *Pro Ana Worlds* wiederum Watzlawek (2025) sowie Lucy Osler und Joel Krueger (2022) auf. Zu politischer Agitation und der gesellschaftlichen Brisanz von Echokammern habe ich selbst vor kurzem mit Sven Walter den Artikel „Mind invasion – From individuals to nations" (2025) veröffentlicht, ein weiterer Beitrag mit Lucy Osler ist im Erscheinen.

**Ehre und Schande** Aus interkultureller Perspektive vermitteln Michael Casimir und Susanne Jung (2009) einen Einblick in das um **Ehre und Schande** rankende Wertegeflecht, bei dem es in gravierenden Konflikten auch um Leben und Tod gehen kann. Dazu gehört Blutrache ebenso wie Anstiftungen zu Tötungen von Familienmitgliedern, meist jungen Frauen, die nach Meinung des „Familienoberhauptes" die Ehre der Familie verletzt haben (vgl. auch Bauer 2023). Allerdings gibt es auch außerhalb von eher kulturell verankerten Tötungsdelikten eine erschütternd große Anzahl von Femiziden aufgrund patriarchaler Denkmuster, und das in allen Alters- und Gesellschaftsschichten (vgl. dazu die Dokumentation des ZDF, 2025). Nach einer Meldung der Deutschen Presse-Agentur (Die Zeit 2025) soll die Überwachung der Kopftuchpflicht im Iran noch weiter verschärft werden.

**Emotion** Einen herausragenden Überblick über die Entwicklung von Emotionstheorien und deren Vorgängertheorien sowie die mit diesen verbundenen Begrifflichkeiten, der in der Antike anknüpft, seinen Schwerpunkt aber auf Autoren des Spätmittelalters und der Frühen Neuzeit hat, gibt Dominik Perler (2011).

Wer noch etwas mehr zur heutigen Debatte über **Emotionen** erfahren möchte, findet im Artikel „Emotion“ von Andrea Scarantino und Ronald de Sousa (2018) eine umfassend informierende Einführung mit einer Vielzahl weiterführender Hinweise. Das in der Emotionspsychologie verbreitete Komponenten-Modell der Emotion mit den *Stimulus Evaluation Checks* als erster Bewertungskomponente hat Klaus Scherer sorgfältig dargestellt (2001, vor allem S. 93–99; 2005). Ein tieferes Verständnis der motivationalen Komponente und den in emotionalen Prozessen wirksamen *Handlungstendenzen* bieten Aufsätze von Nico Frijda (2010) und Scarantino (2014).

Begriffliche Überlegungen zu **länger andauernden Emotionen** hat Aaron Ben-Ze'ev angestellt (2017, S. 125–128; vgl. auch Stephan 2017a, S. 1482–1484). Eine empirische Studie zur Dauer von Emotionen liefern Frijda und sein Team (1991, besonders S. 200–206). Philosophische Einlassungen zu länger andauernden Emotionen geben Ludwig Wittgenstein (1958; 1971, Teil II, i), Robert Solomon (2004; 2009, S. 152) sowie Peter Goldie in einem Eifersuchtsnarrativ (2000, S. 14).

Alison Jagger (1989) hat **geächtete Emotionen** (***outlaw emotions***) insbesondere aus feministischer Perspektive beleuchtet und deren erkenntniserweiternde Rolle unter anderem an Reaktionen illustriert, in denen Frauen z. B. mit Unbehagen und Befürchtungen auf von Männern stammende sexuelle Anspielungen reagieren, statt sich – wie früher gesellschaftlich erwartet – geschmeichelt zu fühlen.

**Emotionale Erstarrung** Die **emotionale Erstarrung** ist ein nicht willentlich eintretender Abwehrmechanismus, der uns vorübergehend vor psychischen Überforderungen schützen mag. Hält sie an, können wir zwar nach wie vor bei unseren alltäglichen und beruflichen Aufgaben funktionieren, wir werden jedoch teilnahmslos und verlieren die emotionale Bindung zu Sozialpartnern und dem, was um uns herum geschieht. Mitunter wird die emotionale Erstarrung mit der im Tierreich unter Beutetieren verbreiteten *Freeze*-Reaktion verglichen, bei der sich das Tier totstellt – es erstarrt –, wenn Flucht oder Kampf aussichtslos erscheinen (Harf 2025).

**Emotionale Granularität** Der Begriff der **emotionalen Granularität** wurde von Lisa Feldman Barrett eingeführt. In einer Untersuchung ihrer Arbeitsgruppe wird seine Bedeutung für Resilienz beleuchtet (Tugade et al. 2004). Wer noch mehr über den Zusammenhang von emotionaler Granularität mit psychischen Störungen und Wohlbefinden erfahren möchte, sei auf ein von Jennifer Fugate, Maria Gendron und Yasemin Erbas herausgegebenes Sonderheft (2022) verwiesen. Darüber hinaus gibt es im Internet eine Reihe von Angeboten zur Verbesserung der eigenen emotionalen Granularität.

**Emotionsregulation** Einen guten ersten Überblick über Möglichkeiten der **Emotionsregulation** skizziert James Gross (2002, S. 281 f.). Wer sich umfassend über Emotionsregulation informieren möchte, möge auf das ebenfalls von Gross herausgegebene *Handbook of Emotion Regulation* (2014) zurückgreifen. Eine Einführung in die **Gewaltfreie Kommunikation** bietet Marshall Rosenberg (2010).

**Existenzielle Gefühle** Das Standardwerk über **existenzielle Gefühle** ist Matthew Ratcliffes bahnbrechendes Buch *Feelings of Being* (2008), in dem er existenzielle Gefühle in die neuere Debatte der Philosophie der Emotionen und der Philosophie der Psychiatrie einführte. Zentrale Aspekte daraus sind auch auf Deutsch in seinem Beitrag (2011) enthalten. Die Unterscheidung zwischen elementaren und nicht-elementaren existenziellen Gefühlen habe ich in zwei Artikeln (2012a, 2012b) entwickelt und auf die eigene Person, andere Personen und die Welt insgesamt bezogen. Eine ausführliche Darstellung veränderter existenzieller Gefühle in psychischen Störungen (u. a. in Schizophrenie, Capgras-, Cotard- und Depersonalisations-Störungen) bietet Ratcliffe (2008, Teil II). In einem späteren Buch beschreibt Ratcliffe (2015) Veränderungen existenzieller Gefühle in Depressionen; eine weitere Analyse dieser Phänomene bietet ein Aufsatz von Kerrin Jacobs und anderen (2014). Unlängst haben Lucy Osler und ich einen Beitrag über existenzielle Gefühle in politischen Kontexten verfasst (2026).

**Fake News** Die Zunahme von **Fake News** und deren Gegenstück, der „Dividende des Lügners" (*Liar's dividend*; s. Citron & Chesney 2019) – die Verunglimpfung seriös recherchierter Nachrichten und Dokumentationen als Berichte einer vermeintlichen „Lügenpresse" –, sind ein gravierendes Problem für moderne Gesellschaften (Stephan 2025). Der „Tsunami aus Fälschungen" (Harms 2026) hat bereits jetzt zu einem Vertrauensverlust gegenüber Nachrichten und Bildern geführt und in der Folge zu einem Desinteresse an den Geschehnissen in der Welt außerhalb der eigenen kleinen Lebenswelt (Heller 2025), einen Zustand, den Aviv Ovadya, ein amerikanischer Fake-News-Forscher, passend als „Realitätsapathie" (*reality apathy*) bezeichnete (Warzel 2018). Die damit einhergehende Entwicklung unterhöhlt die Basis, die demokratische Gesellschaften benötigen, damit ihre Mitglieder fundiert urteilen können: nämlich die früher nicht in Frage gestellte Selbstverständlichkeit, sich – auch bei unterschiedlichen politischen Präferenzen – über *bestehende* Sachverhalte verständigen zu können.

**Gefühlschaos** Die von Eva Weber-Guskar diskutierten Fälle von **Gefühlschaos** und **Gefühlsvagheit**, die es uns ebenfalls schwer machen, unsere Emotionen klar zu erkennen und zu benennen, finden sich in ihrem Buch *Die Klarheit der Gefühle* (2009, S. 106–122). Für die von ihr als Prä-Emotionen beschriebenen, noch unbestimmten Gefühle wird in den Kulturwissenschaften der Begriff „Affekt" gebraucht. Weitere Beispiele aus dem interkulturellen Kontext bietet beispielsweise Birgitt Röttger-Rössler (2018).

**Intentionalität** Das Merkmal der **Intentionalität** markiert nach Franz Brentano (1874, Buch 2, Kap. 1, § 5) den wesentlichen Unterschied zwischen dem Psychischen und dem Physischen und besagt, dass sich ein psychisches Phänomen immer auf etwas (einen Inhalt) bezieht und diesen Inhalt in bestimmter Weise präsentiert. So beziehen sich unsere Wahrnehmungen auf das, was wir sehen, hören oder riechen und präsentieren zugleich das Wahrgenommene auf bestimmte Weise: z. B. als Sonnenuntergang, als Ouvertüre von *Tristan und Isolde* oder als beißenden Gestank. Ebenso sind unsere Überzeugungen und Wünsche auf mögliche Vorkommnisse in der Welt gerichtet und präsentieren diese als bestehend bzw. angestrebt. In analoger Weise verfügen auch Emotionen über Intentionalität. Furcht bezieht sich auf etwas Gefährliches, Ekel auf Ungenießbares oder Verdorbenes und Trauer auf einen schweren Verlust. Der **Intentionalität von Emotionen** widmet sich der von Jan Slaby und anderen herausgegebene Band *Affektive Intentionalität* (2011) aus verschiedenen Blickrichtungen; weitere Aspekte finden sich in Slaby (2008) sowie aus psychologischer Perspektive in Frijda (1994).

**Operationalisierung** Die **Operationalisierung** (oder „Messbarmachung") hat für alle empirisch arbeitenden Wissenschaften eine große Bedeutung. Sie legt fest, wie ein theoretischer Begriff (wie z. B. Schwerkraft, Armut oder Intelligenz) beobachtbar und messbar gemacht werden soll. Die Messung von Emotionen in einem psychologischen Labor kombiniert typischerweise verschiedene Methoden, da emotionale Episoden aus neurophysiologischen Komponenten, motorischen Ausdruckskomponenten und subjektiven Gefühlskomponenten bestehen. Sie umfasst beispielsweise die Analyse physiologischer Reaktionen (mittels EEG, Herzfrequenz und Hautwiderstand), die Beobachtung des Verhaltens (z. B. Gesichtsausdruck und Körperhaltung) sowie die Erhebung des subjektiven Erlebens (durch Fragebögen oder Interviews). Zugleich muss festgelegt werden, welchen Reizen die Versuchspersonen ausgesetzt werden (seien es Bilder, Filmausschnitte, kurze Beschreibungen von Situationen oder die Aufforderung, sich an emotionale Erlebnisse zu erinnern).

**Passion** Ruth Rebecca Tietjen hat unlängst den Begriff der **Passion** (oder Leidenschaft) als affektivem Anliegen wieder in der zeitgenössischen Debatte verankert. Ausführliche Erläuterungen bieten u. a. zwei ihrer Artikel (2020; 2023) sowie die gemeinsam mit Hina Haq verfasste philosophische Analyse der Christchurch-Attentate (im Erscheinen).

**Phänomenales Erleben** Mit dem Ausdruck „**phänomenales Erleben**" beziehen wir uns auf unsere bewussten Empfindungen.

Dazu gehören unter anderem Durst-, Hunger- und Schmerzerlebnisse ebenso wie die spezifischen Empfindungen, die sich über unsere fünf Sinne einstellen, aber auch die Gefühle, die wir in emotionalen Episoden oder in Stimmungen haben.

**Postfaktische Politik** ist keine Erfindung aus Zeiten sozialer Medien und des Internets, auch wenn diese die Abkehr vom Faktischen zugunsten eines Folgens „gefühlter Wahrheiten" erheblich erleichtern. Bereits 1951 schrieb Hanna Arendt, dass totalitäre Propaganda darauf beruhe, dass „Massen an die Realität der sichtbaren Welt nicht glauben, sich auf eigene, kontrollierbare Erfahrung nie verlassen, ihren fünf Sinnen misstrauen und darum eine Einbildungskraft entwickeln, die durch jegliches in Bewegung gesetzt werden kann, was scheinbar universelle Bedeutung hat und in sich konsequent ist. Massen werden so wenig durch Tatsachen überzeugt, dass selbst erlogene Tatsachen keinen Eindruck auf sie machen" (1955; 2023, S. 799). Arendts Beschreibung passt auf zahlreiche politische Phänomene, die wir im letzten Jahrzehnt erleben mussten, sei es die Brexit-Propaganda, die vehemente Leugnung der Gefährlichkeit des Covid-19-Virus oder die Anstachelung zum Sturm auf das Kapitol im Januar 2021. In diesen Fällen haben sich viele Menschen nicht mehr von Fakten beeinflussen lassen, sondern sind ihren Passionen gefolgt, die von jeweils interessierten Kreisen durch Fake News stetig befeuert wurden (vgl. Breuer 2016; Stephan 2025).

**Resilienz** **Resilienz** lässt sich als Widerstandsfähigkeit verstehen. Der Ausdruck beschreibt die Fähigkeit von Individuen, auch schwierige Lebenssituationen wie den Verlust des Arbeitsplatzes, andauernd hohe Belastungen oder den Verlust einer nahestehenden Person ohne dauerhafte Beeinträchtigung zu überstehen.

**Schizophrenie** Die **Schizophrenie** ist eine psychotische Erkrankung, die in verschiedenen Erscheinungsformen auftreten kann (Falkai & Riecher-Rössler 2026), u. a. mit Realitätsverlust (Derealisation, Depersonalisation), Halluzinationen (Stimmen hören), Wahnvorstellungen (Verfolgungswahn) sowie Störungen der Gefühlswelt (verflachte Affekte), des Denkens (ohne Zusammenhang, Abreißen von Gedanken) sowie der Sprache (zerstörter Satzbau, Wortneubildungen).

**Schmerzen** Heutige Emotionstheorien lassen Schmerzen, auch wenn sie ebenfalls zum Bereich des Affektiven gehören, in der Regel außer Acht. In einigen Werken der spätmittelalterlichen Philosophie werden sie hingegen zu den *passiones* gerechnet, etwa gemeinsam mit Traurigkeit, da beides von uns erlitten wird (Perler 2011, S. 24–25). Zum Status der Schmerzen gibt es eine lebhafte Debatte in Philosophie und Psychologie, etwa darüber, ob Schmerz wesentlich eine Empfindung ist oder wie Emotionen auf etwas in der Welt gerichtet ist, also Intentionalität hat. Einen guten Überblick über die derzeitige Debatte gibt Sabrina Coninx (2024).

Einige Menschen leiden über längere Zeit an **Schmerzen**, die auf eine körperliche Schädigung aufmerksam zu machen scheinen, ohne dass sich eine solche feststellen lässt – meist handelt es sich dann um sogenannte „somatoforme Schmerzen“. Es wird vermutet, dass das Schmerzerleben seine Ursache im Gehirn hat und dass Stress und negative Gefühle auf diese Weise Ausdruck finden. Somatoforme Schmerzen stellen eine Fehlinformation dar, da sie oft zu einer langen Ärzte-Odyssee führen, um ihre vermeintlichen organischen Ursachen aufzuspüren (Klapeth 2014), bis sich herausstellt, dass sie einer psychosomatischen Behandlung bedürfen (Merkle & Egli 2001). Umgekehrt gibt es Individuen, die aufgrund einer angeborenen Genmutation keine Schmerzen empfinden können und insofern nicht angemessen über körperliche Schädigungen informiert werden (Kressirer 2015). Beides hat für die Betroffenen äußerst negative Folgen.

**Situierte Affektivität** Ausgehend von Überlegungen, die bereits in den 1990er Jahren zur Situiertheit kognitiver Prozesse angestellt wurden, haben sich die Kernthemen des Paradigmas der **Situierten Affektivität** in den letzten fünfzehn Jahren entwickelt, nämlich, dass diese verkörpert seien, sozial eingebettet, teilweise in unsere natürliche, technische und soziale Umgebung erweitert oder in Interaktion mit unserer Umwelt enaktiviert. Hier ist nicht der Ort, diese Vielzahl an

Standpunkten und Einsichten näher zu erläutern. Einen sehr guten Überblick über die Situiertheit kognitiver Prozesse bietet Sven Walter (2014). Die erste Ausdehnung dieser Überlegungen in den affektiven Bereich erfolgte durch Paul Griffiths und Andrea Scarantino (2009). Eine erste deutschsprachige Bestandsaufnahme stammt von Wendy Wilutzky, Achim Stephan und Sven Walter (2011), die in Stephan, Walter und Wilutzky (2014) weiter verfeinert wurde. Bis zu dieser Zeit wurden vorwiegend affektive Prozesse diskutiert, in denen ein Individuum seine Umgebung als eine Ressource nutzt, um seine Emotionen und Stimmungen zu regulieren (Vorgänge, wie sie in Abschn. 4.2 vorgestellt wurden). Jan Slaby (2016) hat in einem wegweisenden Text jedoch darauf hingewiesen, dass damit der Einfluss der sozialen Umgebung auf ein Individuum weitgehend unbeachtet geblieben war. Während er insbesondere negative Einflüsse unter dem Begriff der „Mind invasion" diskutierte, schlugen Walter und Stephan vor, auch den neutralen oder positiven gesellschaftlichen Einfluss auf Individuen in den Blick zu nehmen (Stephan & Walter 2020) und diesen als „Mind Shaping" zu charakterisieren (Walter & Stephan 2023). Darüber hinaus spielt sowohl für Individuen, die externe Ressourcen nutzen möchten, als auch für externe Einflüsse auf Individuen der Begriff des „affektiven Gerüstes" (*affective scaffold*) in der derzeitigen Debatte eine wichtige Rolle, den Sabrina Coninx und Achim Stephan (2021) umfassend analysiert haben. In den genannten Publikationen finden sich zahlreiche Verweise auf weitere einschlägige Beiträge zur gegenwärtigen Debatte um die Situierte Affektivität.

Aus philosophischer Perspektive haben Jennifer Greenwood (2015) und Imke von Maur (2021) den Einfluss der sozialen Umgebung auf unser Gefühlsleben sehr erhellend beleuchtet. Im Laufe ihres Lebens bilden Individuen auf diese Weise das aus, was von Maur (2018, Kap. 4) als deren „affektive Biographie" charakterisiert und analysiert hat. Diese eher theoretischen Zugänge finden in kulturanthropologischen Beiträgen ein inhaltsreiches Fundament. Wie sehr das

Gefühlsrepertoire von Kultur zu Kultur variieren kann, können wir in den Beiträgen des von Thomas Stodulka und anderen herausgegebenen Buches sehen (2023). Birgitt Röttger-Rössler (2006) führt dies beispielhaft an kulturell unterschiedlichen Einschätzungen von Liebe, Partnerschaft und Verliebtheit aus. Welche unterschiedliche Rolle Scham in verschiedenen Gesellschaften spielen kann, zeigen Röttger-Rössler und Andrea Bender (2013, S. 40) auf. Und schließlich wirft Röttger-Rössler (2018, 2019, S. 66–67) einen vertiefenden Blick auf Probleme, die sich ergeben können, wenn sich in einer vietnamesischen Zuwandererfamilien divergierende Norm- und Wertvorstellungen treffen. Dass „mitgebrachte" Vorstellungen von „Familienehre" und „Schande" in einer neuen Umgebung durchaus auch auf den Prüfstand kommen können, zeigt der bemerkenswerte Fall eines jungen Mannes, der seinen Vater anzeigte, nachdem dieser ihm aufgetragen hatte, die eigene Schwester zu töten, weil sie Schande über die Familie gebracht habe (FAZ 2025).

**Stimmungen** Zur Unterscheidung von Emotionen und **Stimmungen** nehmen in dem von Paul Ekman und Richard Davidson herausgegebenen Buch *The Nature of Emotion* (1994) zahlreiche Psychologen vergleichend Stellung. Das Schichtenmodell für Stimmungen habe ich in „Moods in Layers" (2017a, S. 1489–1493) entwickelt und dort ebenfalls die zentralen Unterschiede zwischen Emotionen und Stimmungen diskutiert, wobei ich mich unter anderem auf Otto Friedrich Bollnow (1956, S. 34–35), Frijda (1994) sowie Solomon (1976, S. 133, 173) beziehe, demzufolge sich Stimmungen auf die uns umgebende Welt als Ganzer beziehen und alle Gegenstände und Begebenheiten, die uns widerfahren zum Leuchten bringen oder in düstere Schatten tauchen. Einflüsse auf Stimmungen benennt Frijda in seinem Hauptwerk *The Emotions* (1986, S. 289); auf deren existenzielle Dimension als „Lebensuntergrund" verweisen insbesondere Bollnow (1941; 1995, S. 59 ff.), aber auch Richard Lazarus (1994, S. 82), Jerome Kagan (1994, S. 75). Gesellschaftliche Atmosphären diskutieren Lucy Osler und Thomas Szanto (2021).

Einige Autorinnen und Autoren sind der Ansicht, dass eine Person gleichzeitig in mehreren Stimmungen sein könne, beispielsweise wenn diese fröhlich gestimmt in ein Museum gehe, dort in der Ausstellung zum Mittelalter aber ganz melancholisch werde. In einer solchen Situation ist die Person jedoch nicht zweifach gestimmt. Die Melancholie hat die fröhliche Stimmung beiseitegeschoben. Das im Museum Erlebte ist in düstere Schatten getaucht. Diese können freilich schwinden, sobald die Person das Museum verlassen hat. Dann kann sich die fröhliche Stimmung erneut Bahn brechen.

**Sünderin** Wer noch etwas mehr über die Auseinandersetzungen um den Film ***Die Sünderin*** erfahren möchte, mag den entsprechenden Beitrag in der Lernwerkstatt Film und Geschichte (2025) beachten. Im Internet gibt es zahlreiche weitere Dokumente zum kritischen Umgang mit diesem Film, unter anderem von Hartmut Goege (2011) und Thomas Brakmann (2021). Paul Horntrich (2022) hat in einem längeren Beitrag die Rezeption des Films in Österreich nachgezeichnet.

**Ungefühltes** Gesellschaftlich **Ungefühltes** haben in den letzten Jahren insbesondere Jan Slaby (2023) und Imke von Maur (2023) im Hinblick auf ökologische Krisen und die Klimakatastrophe zu einem Thema gemacht.

# Literatur

Archer, Alfred & Mills, Georgina (2019). Anger, Affective Injustice and Emotion Regulation. *Philosophical Topics* 47 (2): 75–94. https://doi.org/10.5840/philtopics201947216.

Arendt, Hannah (2023). *Elemente und Ursprünge totaler Herrschaft: Antisemitismus, Imperialismus, Totalitarismus*. Erweiterte Neuausgabe. München: Piper Verlag (Originalausgabe 1955).

Bauer, Kathrin (2023). Brüche, Widersprüche und Konflikte: Die verworrenen Wege der Emotionssozialisation. In: T. Stodulka, A. von Poser, G. Scheidecker und J. Bens (Hg.). *Anthropologie der Emotionen. Affektive Dynamiken in Kultur und Gesellschaft*. Berlin: Reimer Verlag, 165–174.

Ben-Ze'ev, Aaaron (2017). The thing called emotion. A subtle perspective. In: A. Ben-Ze'ev & A. Krebs (Hg.), *Philosophy of Emotion*, Vol. I. London: Routledge, 112–137.

Bollnow, Otto F. (1995). *Das Wesen der Stimmungen*. Nachdruck der 3. Aufl. 1956. Frankfurt: Klostermann.

Bowlby, John (2011). Trennung und Verlust in der Familie. In: J. Bowlby (Hg.) *Das Glück und die Trauer. Herstellung und Lösung affektiver Bindungen*. Stuttgart: Klett-Cotta, 105–129 (Originalartikel 1970).



A. Stephan, *Gefühle – können wir ihnen trauen?*, #philosophieorientiert, https://doi.org/10.1007/978-3-662-73285-4

Brakmann, Thomas (2021). „Die Sünderin" auf der Anklagebank. *Osnabrücker Geschichtsblog*. Abgerufen am 5. November 2025 von https://doi.org/10.58079/prdb.

Brentano, Franz (1973). *Psychologie vom empirischen Standpunkt*. Erster Band. Nachdruck der Ausgabe von 1924. Hamburg: Meiner Verlag (Originalausgabe 1874).

Breuer, Ingeborg (2016). Die gefühlte Wahrheit: „Postfaktisch" – Wort des Jahres 2016. *Deutschlandfunk*, 15.12.2016, abgerufen am 20.11.2025: https://www.deutschlandfunk.de/die-gefuehlte-wahrheit-postfaktisch-wort-des-jahres-100.html.

Casimir, Michael & Jung, Susanne (2009). "Honor and Dishonor": Connotations of a Socio-symbolic Category in Cross-Cultural Perspective. In: B. Röttger-Rössler & H. Markowitsch (Hg.). *Emotions as Bio-cultural Processes*. New York: Springer, 229–280.

Chesney, Bobby & Citron, Danielle (2019). Deep Fakes: A Looming Challenge for Privacy, Democracy, and National Security. *California Law Review* 107(6), 1753–1820. https://doi.org/10.15779/Z38RV0D15J.

Coninx, Sabrina (2024). Pain Philosophy: Recent Debates and Future Challenges. *Philosophy Compass* 2024;e12981. https://doi.org/10.1111/phc3.12981.

Coninx, Sabrina & Stephan, Achim (2021). A Taxonomy of Environmentally Scaffolded Affectivity. *Danish Yearbook of Philosophy* 54 (1), 38–64. https://doi.org/10.1163/24689300-bja10019.

D'Arms, Justin & Jacobson, Daniel (2000). The Moralistic Fallacy: On the 'Appropriateness' of Emotions. *Philosophy and Phenomenological Research* 61 (1), 65–90.

Deonna, Julien A. & Teroni, Fabrice (2012). *The Emotions. A Philosophical Introduction*. Abingdon: Routledge.

Dellantonio, Sara & Pastore, Luigi (2023). Was bedeutet Alexithymie für die Erforschung von Emotionen und Bewusstsein? In: I. v. Maur, U. Meyer & S. Walter (Hg.). *Wozu Gefühle? Philosophische Reflexionen für Achim Stephan*. Paderborn: Brill | Mentis, 117–136.

de Sousa, Ronald (1997). *Die Rationalität des Gefühls.* Frankfurt am Main: Suhrkamp.

Die Zeit (2025). Iran: 80.000 neue Sittenwächter für Kopftuch-Kontrollen. Deutsche Presse-Agentur, 17.10.2025, abgerufen am 23.11.2025: https://www.zeit.de/news/2025-10/17/iran-80-000-neue-sittenwaechter-fuer-kopftuch-kontrollen.

Ekman, Paul (1994). Moods, emotions, and traits. In: P. Ekman & R. J. Davidson (Hg.). *The nature of emotion. Fundamental questions.* Oxford: Oxford University Press, 56–58.

Ekman, Paul & Davidson, Richard J. (1994) (Hg.). *The nature of emotion. Fundamental questions.* Oxford: Oxford University Press.

Elster, Jon (1982). Sour grapes – utilitarianism and the genesis of wants. In: Amartya Sen & Bernard Williams (Hg.). *Utilitarianism and beyond.* Cambridge: Cambridge University Press, 219–238.

F1 Paddock Club™ Hospitality (2025). Abgerufen am 24.11.2025: https://f1experiences.com/de/paddock-club.

FAZ (2025). Vater soll Sohn mit Tötung seiner Tochter beauftragt haben. Frankfurter Allgemeine vom 11.09.2025. Abgerufen am 12.10.2025 von https://www.faz.net/aktuell/gesellschaft/kriminalitaet/cuxhaven-vater-soll-sohn-mit-toetung-seiner-tochter-beauftragt-haben-accg-110680979.html.

Falkai, Peter & Riecher-Rössler, Anita (2026). Was ist Schizophrenie / eine schizophrene Psychose? Neurologen und Psychiater im Netz. Das Informationsportal zur psychischen Gesundheit und Nervenerkrankungen. Abgerufen am 04.02.2026: https://www.neurologen-und-psychiater-im-netz.org/psychiatrie-psychosomatik-psychotherapie/stoerungen-erkrankungen/schizophrenie-und-schizophrene-psychosen/.

Franz, Matthias, Popp, Kerstin, Schaefer, Ralf, Sitte, Wolfgang, Schneider, Christine, Hardt, Jochen, Decker, Oliver & Braehler, Elmar (2008). Alexithymia in the German general population. *Social Psychiatry & Psychiatric Epidemiology* 43, 54–62.

Fréchette, Guillaume (2023). Phenomenology and Characterology. Austrian and Bavarian. In: Ingrid Vendrell Ferran (Hg.). *Else Voigtländer: Self, Emotion, and Sociality.* Cham: Springer, 163–178.

Frijda, Nico H. (1986). *The emotions*. Cambridge: Cambridge University Press.

Frijda, Nico H. (1994). Varieties of affect: emotions and episodes, moods, and sentiments. In: P. Ekman & R. J. Davidson (Hg.). *The nature of emotion. Fundamental questions*. Oxford: Oxford University Press, 59–67.

Frijda, Nico H. (2010). Impulsive action and motivation. *Biological Psychology* 84, 570–579.

Frijda, Nico H., Mesquita, Batja, Sonnemans, Joep & van Goozen, Stephanie (1991). The duration of affective phenomena or emotions, sentiments and passions. In: K. T. Strongman (Hg.). *International review of studies on emotion*. Chichester: Wiley, 187–225.

Fugate, Jennifer. M. B., Gendron, Maria, Erbas, Yasemin (Hg.) (2022). *The role of emotional granularity in emotional regulation, mental disorders, and well-being*. Lausanne: Frontiers Media SA. https://doi.org/10.3389/978-2-83250-916-6.

Geppert, Melanie (2019). Borderline – ein Leben im ständigen emotionalen Chaos. *Herder. Besser Leben*, 08.07.2019, abgerufen am 22.11.2025: https://www.herder.de/leben/lebensberatung-und-psychologie/borderline/?

Goege, Hartmut (2011). Fünf Sekunden lang die Andeutung nackter Brust. *Deutschlandfunk. Archiv*. Abgerufen am 05.11.2015 von https://www.deutschlandfunk.de/fuenf-sekunden-lang-die-andeutung-nackter-brust-100.html.

Goldie, Peter (2000). *The Emotions: A Philosophical Exploration*. Oxford: Oxford University Press.

Greenwood, Jennifer (2015). *Becoming Human. The Ontogenesis, Metaphysics, and Expression of Human Emotionality*. Cambridge MA: MIT Press.

Griffiths, Paul & Scarantino, Andrea (2009). Emotions in the Wild. In: P. Robbins & M. Aydede (Hg.). *The Cambridge Handbook of Situated Cognition*. Cambridge: Cambridge University Press, 437–453.

Gross, James J. (2002). Emotion Regulation: Affective, Cognitive, and Social Consequences. *Psychophysiology* 39, 281–291.

Gross, James J. (2014). *Handbook of Emotion Regulation*. Second Edition. New York, London: The Guilford Press.

Gross, James J. (2014). Emotion Regulation: Conceptual and Empirical Foundations. In: James Gross (Hg.). *Handbook of Emotion Regulation*. Second Edition. New York, London: The Guilford Press, 3–20.

Haq, Hina, Shaheed, Saad & Stephan, Achim (2020). Radicalization through the Lens of Situated Affectivity. *Frontiers in Psychology* 11: art. 205. https://doi.org/10.3389/fpsyg.2020.00205.

Haq, Hina & Tietjen, Ruth Rebecca (im Erscheinen). *The Power of Passion and Nostalgia in Extremism: A Case Study of the Christchurch Mosque Attack*. In: R. Peels & Q. Cassam (Hg.). Extreme Beliefs and Subjectivity. Oxford University Press.

Harf, Rainer (2025). Emotionale Erstarrung: Wenn das Hirn auf Selbstschutz schaltet. *GEO Wissen Gesundheit*, 18.11.2025; abgerufen am 02.02.2026: https://www.geo.de/wissen/gesundheit/emotionale-erstarrung%2D%2Dwenn-das-hirn-auf-selbstschutz-schaltet-35763050.html.

Harms, Florian (2026). ChatGPT, Sora 2, Gemini: Massenhafter Betrug in ganz Deutschland. *t-online Politik*, 28.01.2026; abgerufen am 28.01.2026: https://www.t-online.de/nachrichten/tagesanbruch/id_101103130/chatgpt-sora-2-gemini-massenhafter-ki-betrug-in-ganz-deutschland.html.

Heller, Piotr (2025). Ist das echt? *Frankfurter Allgemeine Zeitung*, 23.11.2025, 48–49; abgerufen am 24.11.2025: https://zeitung.faz.net/data/539/reader/reader.html?t=1763989153918#!preferred/0/package/539/pub/713/page/49.

Horntrich, Paul M. (2022). Porno im Wiederaufbau. Die Rezeption des Films »Die Sünderin« (1951) in Österreich. *Hamburger Journal für Kulturanthropologie (HJK)* 15, 465–480. https://journals.sub.uni-hamburg.de/hjk/article/view/2047.

Hubert, Martin (2008). Emotionale Verkettung. *Deutschlandfunk. Archiv*. Sendung vom 11.08.2008. Download am 01.11.2025: https://www.deutschlandfunk.de/emotionale-verkettung-100.html.

Jacobs, Kerrin, Achim Stephan, Asena Paskaleva & Wendy Wilutzky (2014). Existential and Atmospheric Feelings in Depressive Comportment. *Philosophy, Psychiatry & Psychology* 21 (2), 89–110.

Jaeggi, Rahel (2013) *Kritik von Lebensformen.* Berlin: Suhrkamp Verlag.

Jaggar, Alison M. (1989). Love and knowledge: Emotion in feminist epistemology. *Inquiry* 32 (2), 151–176.

Kagan, Jerome (1994). Distinctions among emotions, moods, and temperamental qualities. In: P. Ekman & R. J. Davidson (Hg.). *The nature of emotion. Fundamental questions.* Oxford: Oxford University Press, 74–78.

Klameth, Steffen (2014). Rätselhafte Schmerzen. *Sächsische Zeitung.* 5./6. April, 26. Abgerufen am 19.11.2025: https://www.uniklinikum-dresden.de/de/das-klinikum/universitaetscentren/usc/sz-schmerzserie/Teil-7_Ratselhafte_Schmerzen.pdf.

Kracher, Veronika (2023). Kulturkampf in Pink: Wieso Barbie Konservative zur Weißglut bringt. *Belltower News. Journalismus gegen Hass & Hetze.* 25.07.2023. Abgerufen am 20.12.2025: https://www.belltower.news/kulturkampf-in-pink-wieso-barbie-konservative-zur-weissglut-bringt-151205/.

Kressirer, Philipp (2015). Mutiertes Gen führt zu Schmerzunempfindlichkeit mit dramatischen Folgen. *Klinikum der Universität München.* 28.05.2015. Abgerufen am 19.11.2025: https://idw-online.de/de/news631809.

Lazarus, Richard (1994). The stable and the unstable in Emotion. In: P. Ekman & R. J. Davidson (Hg.). *The nature of emotion. Fundamental questions.* Oxford: Oxford University Press, 79–85.

LeDoux, Joseph (2001). *Das Netz der Gefühle. Wie Emotionen entstehen.* München: Deutscher Taschenbuch Verlag.

Lernwerkstatt Film und Geschichte (2025). *Die Sünderin (1951).* Veröffentlicht Juni 16, 2021, aktualisiert Juni 14, 2025; abgerufen am 01.11.2025: https://filmundgeschichte.com/die-suenderin-1951.

Leuner, Hanscarl (1985). *Lehrbuch des Katathymen Bilderlebens: Grundstufe, Mittelstufe, Oberstufe.* Bern, Stuttgart, Toronto: Hans Huber Verlag.

Merkle, Wolfgang & Egle, Ulrich T. (2001). Fortbildung. Die somatoforme Schmerzstörung. *Hessisches Ärzteblatt* 10, 498–504.

Moser, Ulrich (1978). Affektsignal und aggressives Verhalten. Zwei verbal formulierte Modelle der Aggression. *Psyche* 32, 229–258.

Murray, Conor (2023). 'Barbie' Largely Praised For Feminist Themes – But Draws Anger From The Anti-Woke. *Forbes*. 21.07.2023. Abgerufen am 19.12.2025: https://www.forbes.com/sites/conormurray/2023/07/21/barbie-largely-praised-for-feminist-themes-but-draws-anger-from-the-anti-woke/.

Nemiah, John C. & Sifneos, Peter E. (1970). Affect and fantasy in patients with psychosomatic disorders. In O. W. Hill (Hg.). *Modern Trends in Psychosomatic Medicine*. Vol. 2. London: Butterworths, 26–34.

Nguyen, C. Thi (2020). Echo Chambers and Epistemic Bubbles. *Episteme* 17(2), 141–161. https://doi.org/10.1017/epi.2018.32.

Osler, Lucy & Krueger, Joel (2022). ProAna Worlds: Affectivity and Echo Chambers Online. *Topoi*, 41 (5), 883–893. https://doi.org/10.1007/s11245-021-09785-8.

Osler, Lucy & Szanto, Thomas (2021). Political Emotions and Political Atmospheres. In: D. Trigg (Hg.). *Shared Emotions and Atmospheres*. London, New York: Routledge, 162–188.

Perler, Dominik (2011). *Transformationen der Gefühle. Philosophische Emotionstheorien 1270–1670*. Frankfurt: S. Fischer Verlag.

Ratcliffe, Matthew (2008). *Feelings of being: Phenomenology, psychiatry and the sense of reality*. Oxford, UK: Oxford University Press.

Ratcliffe, Matthew (2011). Existenzielle Gefühle. In: J. Slaby, A. Stephan, H. Walter & S. Walter (Hg.). *Affektive Intentionalität*. Paderborn: mentis, 144–169.

Ratcliffe, Matthew & Stephan, Achim (2014). *Depression, Emotion and the Self. Philosophical and Interdisciplinary Perspectives*. Exeter: Imprint Academic.

Ratcliffe, Matthew (2015). *Experiences of depression. A study in phenomenology*. Oxford, UK: Oxford University Press.

Rosenberg, Marshall B. (2010). *Gewaltfreie Kommunikation: Eine Sprache des Lebens*. Paderborn: Junfermann Verlag.

Röttger-Rössler, Birgitt (2006). Kulturen der Liebe. In: B. Röttger-Rössler und E.-M. Engelen (Hg.). „Tell me about love". Kultur und Natur der Liebe. Paderborn: mentis Verlag, 59–80.

Röttger-Rössler, Birgitt (2018). Multiple Belongings. On the Affective Dimensions of Migration. *Zeitschrift für Ethnologie* 143 (2), 237–262.

Röttger-Rössler, Birgitt (2019). Gefühlsbildung (the formation of feeling). In: J. Slaby und C. von Scheve (Hg.). *Affective Societies. Key Concepts*. London, New York: Routledge, 61–72.

Röttger-Rössler, Birgitt und Bender, Andrea (2013). Sozial- und Kulturanthropologie/Kognitionsethnologie. In: A. Stephan und S. Walter (Hg.). *Handbuch Kognitionswissenschaft*. Stuttgart, Weimar: Metzler Verlag, 35–41.

Salmela, Mikko (2014). *True Emotions*. Amsterdam, Philadelphia: John Benjamins Publishing Company.

Scarantino, Andrea (2014). The motivational theory of emotions. In: J. D'Arms, & D. Jacobson (Hg.) *Moral psychology and human agency. Philosophical essays on the science of ethics*. Oxford: Oxford University Press, 156–185.

Scarantino, Andrea & de Sousa, Ronald (2018). Emotion. *The Stanford Encyclopedia of Philosophy* (Summer 2021 Edition), Edward N. Zalta (ed.), https://plato.stanford.edu/archives/sum2021/entries/emotion/.

Scherer, Klaus R. (2001). Appraisal Considered as a Process of Multi-Level Sequential Checking. In: K. R. Scherer, A. Schorr, & T. Johnstone (Hg.). *Appraisal Processes in Emotion: Theory, Methods, Research*. Oxford: Oxford University Press, 92–120.

Scherer, Klaus R. (2005). What are emotions? And how can they be measured? *Social Science Information*, 44, 695–729.

Sierra, Mauricio (2009). *Depersonalization. A New Look at a Neglected Syndrome*. Cambridge: Cambridge University Press.

Sifneos, Peter Emanuel (1973). The Prevalence of 'Alexithymic' Characteristics in Psychosomatic Patients. *Psychotherapy and Psychosomatics* 22 (2–6), 255–262.

Simeon, Daphne & Abugel, Jeffrey (2006). *Feeling Unreal. Depersonalization Disorder and the Loss of the Self*. Oxford: Oxford University Press.

Slaby, Jan (2008). *Gefühl und Weltbezug*. Paderborn: Mentis.

Slaby, Jan (2016). Mind invasion: Situated affectivity and the corporate life hack. *Frontiers in Psychology* 7, 266.

Slaby, Jan (2023) *Don't look up*: Affektive Entwirklichung und das gesellschaftlich Ungefühlte. In: I. v. Maur, U. Meyer & S. Walter (Hg.). *Wozu Gefühle? Philosophische Reflexionen für Achim Stephan*. Paderborn: Brill | Mentis, 67–92.

Slaby, Jan, Achim Stephan, Henrik Walter & Sven Walter (2011). *Affektive Intentionalität*. Paderborn: mentis.

Solomon, R. (1976). *The Passions*. New York: Doubleday.

Solomon, R. (2009). Emotionen, Gedanken und Gefühle. Emotionen als Beteiligungen an der Welt. In: Sabine A. Döring (Hg.). *Philosophie der Gefühle*. Frankfurt: stw 1907, 148–168 (Originalartikel 2004).

Srinivasan, Amia (2018). The Aptness of Anger. *Journal of Political Philosophy* 26 (2), 123–144.

Stephan, Achim (2008). Affektprogramme und Gefühle. In: Detlev Ganten, Volker Gerhardt & Julian Nida-Rümelin (Hg.). *Funktionen des Bewusstseins*. (Reihe: Humanprojekt / Interdisziplinäre Anthropologie 2). Berlin: de Gruyter, 213–228.

Stephan, Achim (2012a). Emotions, Existential Feelings, and their Regulation. *Emotion Review* 4 (2), 157–162. https://doi.org/10.1177/1754073911430138.

Stephan, Achim (2012b). Existentielle Gefühle und Emotionen: Intentionalität und Regulierbarkeit. In: Joerg Fingerhut & Sabine Marienberg (Hg.). *Feelings of Being Alive*. (Reihe: Humanprojekt / Interdisziplinäre Anthropologie 8). Berlin: de Gruyter, 101–121.

Stephan, Achim (2017a). Moods in Layers. *Philosophia* 45, 1481–1495.

Stephan, Achim (2017b). On the Adequacy of Emotions and Existential Feelings. *Rivista internazionale di Filosofia e Psicologia* 8 (1), 1–13. https://doi.org/10.4453/rifp.2017.0001.

Stephan, Achim (2025). Synthetische Medieninhalte und *Deepfakes*. In: A. Stephan (Hg.) Künstliche Intelligenz – eine Herausforderung für moderne Gesellschaften. Neu-Isenburg: Angelika Lenz Verlag, 173–183.

Stephan, Achim & Osler, Lucy (2026). Affective Phenomena in the Political Arena – Appearances of "New Nationalism" in France, Germany and the USA. In T. Sturm und S. Döring

(Hg.). *Nationalism and Populism: Emotion, Reason and the Crisis of Contemporary Democracy*. London: Routledge, ch. 5.

Stephan, Achim & Walter, Henrik (Hg.). (2003). *Natur und Theorie der Emotion*. Paderborn: mentis.

Stephan, Achim & Walter, Sven (2020). Situated affectivity. In: T. Szanto und H. Landweer (Hg.). *The Routledge Handbook of Phenomenology of Emotions.* New York: Routledge, 299–311.

Stephan, Achim & Walter, Sven (2025). Mind invasion – From individuals to nations. *Philosophical Inquiries* 13, 87–119. https://doi.org/10.4454/philinq.v13i1.529.

Stephan, Achim, Walter, Sven & Wilutzky, Wendy (2014). Emotions beyond brain and body. *Philosophical Psychology* 27 (1), 65–81.

Stodulka, Thomas, von Poser, Anita, Scheidecker, Gabriel und Bens, Jonas (Hg.). (2023). *Anthropologie der Emotionen. Affektive Dynamiken in Kultur und Gesellschaft*. Berlin: Reimer Verlag.

Tietjen, Ruth Rebecca (2020). Religiöser Eifer. Philosophische Annäherung an ein komplexes Phänomen. In: Johannes Woyke (Hg.). *Eifer Gottes – Eifern für Gott. Radikalismus und Fanatismus in der biblischen Tradition und ihrer Auslegungsgeschichte.* Göttingen: Vandenhoeck & Ruprecht, 51–80.

Tietjen, Ruth Rebecca (2023). Religiöse Gefühle. Eine philosophische Annäherung. *prospektiv. Magazin der Theologischen Fakultät Basel* 16, 3–7. Abgerufen am 26.09.2025: https://theologie.unibas.ch/fileadmin/user_upload/theologie/05_Fakultaet/2_Organisation__frueher_Zur_Fakultaet_/Publikationen/Prospektiv_Nr_16_2023.pdf.

Tugade, M. M., Fredrickson, B. L., and Feldman Barrett, L. (2004). Psychological resilience and positive emotional granularity: examining the benefits of positive emotions on coping and health. *Journal of Personality* 72, 1161–1190.

Valentini, Daniele, Lorusso, Anna Maria & Stephan, Achim (2020). Onlife Extremism: Dynamic Integration of Digital and Physical Spaces in Radicalization. *Frontiers in Psychology* 11: art. 524. https://doi.org/10.3389/fpsyg.2020.00524.

Valentini, Daniele (2022). Expanding the Perspectives of Affective Scaffoldings: User-resource Interactions and Mindshaping in Digital Environments. *Thaumàzein* 10 (1), 189–217.

von Maur, Imke (2018). *Die epistemische Relevanz des Fühlens – Habitualisierte affektive Intentionalität im Verstehensprozess.* Osnabrück: Universität Osnabrück, osnaDocs. https://osnadocs.ub.uni-osnabrueck.de/handle/urn:nbn:de:gbv:700-20180807502.

von Maur, Imke (2021). Taking situatedness seriously. Embedding affective intentionality in forms of living. *Frontiers in Psychology* 12, 1446. https://doi.org/10.3389/fpsyg.2021.599939.

von Maur, Imke (2023). ›Richtiges Fühlen‹ als Politikum – Gefühlspraxis und Gefühlskritik. In: I. v. Maur, U. Meyer & S. Walter (Hg.). *Wozu Gefühle? Philosophische Reflexionen für Achim Stephan.* Paderborn: Brill | Mentis, 43–66.

Walter, Sven (2014). *Kognition.* Stuttgart: Reclam.

Walter, Sven (2026). From Slights to Wrongs: What Can the Notion of Affective Injustice Do for Us? *Passion.*

Walter, Sven & Stephan, Achim (2023). Situated Affectivity and Mind Shaping: Lessons from Social Psychology. *Emotion Review* 15 (1), 3–16. https://doi.org/10.1177/17540739221112419.

Warzel, Charlie (2018). Believable: The Terrifying Future Of Fake News. *BuzzFeed.News*, 12.02.2018; abgerufen am 24.11.2025: https://www.buzzfeednews.com/article/charliewarzel/the-terrifying-future-of-fake-news.

Watzlawek, Rebecca (2023). *Language in Echo Chambers: How Metaphors Intensify Affective Phenomena.* Publications of the Institute of Cognitive Science (PICS). https://doi.org/10.48693/423.

Watzlawek, Rebecca (2025). Echokammern – Orte der Radikalisierung und Zuflucht? In: A. Stephan (Hg.). *Künstliche Intelligenz – eine Herausforderung für moderne Gesellschaften.* Schriftenreihe der Freien Akademie, Band 43. Neu-Isenburg: Angelika Lenz Verlag, 91–117.

Weber-Guskar, Eva (2009). *Die Klarheit der Gefühle.* Berlin: de Gruyter.

Wilutzky, Wendy, Stephan, Achim & Walter, Sven (2011). Situierte Affektivität. In: J. Slaby, A. Stephan, H. Walter & S. Walter (Hg.). *Affektive Intentionalität.* Paderborn: mentis, 283–320.

Wittgenstein, Ludwig (1971). *Philosophische Untersuchungen.* Frankfurt: Suhrkamp (Originalausgabe 1953).

ZDF (2025). Femizid – Wenn Männer töten. *Dokumentation – Ermittler*, 18.11.2025. Abgerufen am 18.11.2025: https://www.zdf.de/play/dokus/ermittler-100/ermittler-femizid-wenn-maenner-toeten-100.

Zimbardo, Philip G. & Gerrig, Richard J. (1999). *Psychologie.* 7., neu übersetzte und bearbeitete Auflage. Berlin: Springer.

9783662732847